MUHABBET DUALARI

AŞKIN DORUKLARI

TUĞÇE IŞINSU

Feniks Kitap
Kişisel Gelişim

Muhabbet Duaları
Tuğçe Işınsu

Genel Yayın Yönetmeni: Muharrem Kaşıtoğlu
Grafik Tasarım: ademsenel.com

1. Baskı: Haziran 2022

Baskı ve Cilt: Yıldız Mücellit Mat. ve Yay. San. Tic. A.Ş.
Maltepe Mah. Gümüşsuyu Cad. Dalgıç Çarşısı No: 3/4
Davutpaşa/İstanbul • Sertifika No: 46025
Tel: (212) 501 31 17

ISBN: 978-605-735-101-2

Feniks Kitap
Alemdar Mah. Çatalçeşme Sok.
No: 46/A 34110 Cağaloğlu-İstanbul
Tel: (0212) 514 57 87 • Faks: (0212) 512 09 14
fenikskitap.com
facebook.com/feniksyayinevi
instagram.com/fenikskitap
twitter.com/feniksyayinlari

MUHABBET DUALARI

AŞKIN DORUKLARI

TUĞÇE IŞINSU

FENİKS

ALLAHU
EKBER

TUĞÇE IŞINSU

Spiritüel Danışman, Yazar

FMV Özel Işık Lisesi ve İstanbul Üniversitesi, İngiliz Dili ve Edebiyatı mezunu olan **Tuğçe Işınsu**, 11 yıl süren reklam yazarlığı kariyerinin ardından doğuştan sahip olduğu psişik güçleri ve aldığı spiritüel eğitimlerle Spiritüel Danışmanlık yapmaya başlamıştır. Kendi sunduğu ve konuk katıldığı yüzlerce televizyon programında Bilinçaltı, Bereket, İlişkiler, Spiritüel Akımlar, Mistisizm, Enerji Çalışmaları, Şifalanma Yöntemlerini tüm Türkiye'ye ve dünyaya tanıtan **Tuğçe Işınsu**, yüzbinlerce okura ulaşan 9 kitabın da yazarıdır. Kitapları, Türkiye'de ve Dünya'nın farklı ülkelerinde en çok satanlar listesinde zirveye çıkmış ve aylarca listede kalmıştır. **Tuğçe Işınsu** kitapları ile dünyada yüzbinlerce insan, farkındalık yolculuğuna çıkmış ve dileklerini gerçekleştirmiştir. Dünya'nın her yerinden danışanları ile çalışmalarını sürdüren **Tuğçe Işınsu,** *MUHABBET DUALARI* ile size gizemli aşk formüllerini, spiritüel aşk sırlarını, aşk dileklerine kapı açan manevi yolları, duaların gücünü sunuyor.

Uyarı ve Açıklama

Bu kitapta yer alan, dua, ritüel ve tılsımlar, iyi niyet, samimi bir kalp ve temiz amaçlar içindir. Hak ve helal olan ilişkiler için oluşturulmuş bu içerik, her şeyin, herkesin ve bütünün hayrına olacak şekilde kullanılmalıdır. İlişki ve aşk konusunda, diğer 9 kitabımı da okuyup oradaki içeriklerden faydalanıp dönüşüm elde edebilirsin. İlişki konusunda ilk ve önemli konu, kişinin öncelikle kendi geçmişini, özünü, bilinçaltını tanıyıp, keşfedip dönüşmesidir. Kişi arınarak ve geçmişi serbest bırakarak, doğru ilişki ve aşka kendini, yaşamını açmalı. Kişisel gelişim, bilinçaltı ve dönüşüm metodlarımı, diğer kitaplarımda, youtube kanalımda, sosyal medya hesaplarımda bulabilir ve uygulayabilirsiniz. Bu kitapta ağırlıklı duaya yer verilmesinin sebebi, MUTLAK VE TEK BÜYÜK GÜÇ ALLAH'ın en sonunda her şeye karar veren olmasıdır. Bir insan, başka bir insanı seviyor ve istiyorsa, onu da yine en samimi ve içten yol olan dua ile çağırmalı. Ritüel veya kişisel gelişim metodlarının yanında bir kalbi çağırırken, bunu dua ile yaptığında "iki insan arasında çok özel ve derin, yoğun ve gizemli" bir başka bağ oluşmaktadır. Daha önce tv programlarında ve kitaplarımda defalarca sizlere aktardığım gibi, yaşamımın büyük bölümünü bu konularda ders almaya, eğitime, araştırmaya, bu alanda bilgi toplamaya, yeni içerikler oluşturmaya harcadım. Bu kitaptaki bu özel ve derinlikli içerik de işte bu şekilde oluştu. Kimseyi ikna etme, dışarıdan onay bekleme, eminsen ve gerçekten istiyorsan, en samimi ve yoğun halinle ALLAH'ın huzuruna çık. O seni duyar ve anlar. Her dua yerine gider hiç şüphen olmasın. Her duanın sonucuna sadece O'nun karar verecek olmasının, sonsuz güven ve huzuru ile şimdi aşk yoluna çık...

313 MUCİZESİ

'İnnehu li-hubbil Hayri leşedid Ya erhamerrahimin.' Bu duayı sabah namazının ardından 313 defa onu düşünerek oku, sana doğru yoğunlaşacaktır.

Ardından bu diğer okumalara devam et:

"Bismillahirrahmanirrahim"

"Ya rabbi (üç kere) ya hay (üç kere) ya kayyum (üç kere) ya zel celali vel ikram es'elüke biismikel azim en terzukni rızken helalen tayyiben bi rahmetike ya erhamer râhimin vel hamdülillahi rabbil alemin."

"Ve in yuridu en yahdeuke fe inne hasbekallah huvellezi eyyedeke bi nasrihi ve bil mu'minin, ve ellefe beyne kulubihim, lev enfakte ma fil ardı cemian ma ellefte beyne kulubihim ve lakinnallahe ellefe beynehum, innehu azizun hakim.

"Ve elkaytü aleyke mehabbeten minni"

"Vemin ayatihi en halaka lekum min enfusikum azvacen li teskunu ileyha ve ceale beynekum meveddeten ve rahmeten inne fi zalike le ayâtin li kavmin yetefekkerun."

Okumalara 7 gün devam edilir, 8. Gün ikinizin resmine doğru 1000 YA HAYY zikri çekilir.

KAVGAYI VE DARGINLIĞI BİTİRME

***"Bismillahirrahmanirrahim"* "Allahümme ellif beyne kulubina ve aslih zate beynina ve'hdina sübüle'sselami ve neccina mine'z-zulümati ile'n-nuri ve cennibe'l fevahişe ma zahare minha ve ma betane."**

***"Bismillahirrahmanirrahim"* "Allahümme ellif beyne kulubina ve aslih zate beynina ve'hdina sübüle'sselami ve neccina mine'z-zulümati ile'n-nuri ve cennibe'l fevahişe ma zahare minha ve ma betane."**

Bu duayı 222 kere eşinin resmine oku. Okuma bitince onun 3. Göz noktasına doğru 114 EL CAMİ ve 2 Kevser Suresi oku. Son olarak ikinizin resmine 4444 kere YA VEDUD zikri yap. Kendini ve onu olmuş her şeyle ilgili affet "yaşam dersini aldım, affettim, teşekkür ederim, yeniye açığım" de.

İLİŞKİDE SOĞUKLUĞU BİTİRME

1000 adet Ya Vedud, Ya Kaviyy

7 Yasin

7 defa Salaten Tefriciye'yi

100 defa Ayetel Kürsi

Elhamdülillahillezî yümsiküssemavatis seb'a en takaa alel ardi illâ biiznih. Hasbiyallahu lâ ilâhe illâ hû, aleyhi tevekkeltü ve hüve Rabbul arşil azîm. Ve lâ havle ve lâ kuvvete illâ billâhil aliyyil azîm.

Duhan Suresi'nin 25. ayeti **"Kem tereku min cennatin ve u'yün"** 88 kere okunur.

Tüm okumalar ikinizin resmine mıknatıs koyup yapılır. Mıknatısı yatak odanda beklet, duan bitince…

ONU YAŞAMINA ÇEK...

İstenen kişinin sevgisini kazanmak için yapılır. Gece yarısından sonra 2 rekat namaz kılınır ve kıbleye karşı diz çökülür. 1000 defa LA HAVLE VELA KUVVETE İLLA BİLLAHİL ALİYYİL AZİM okunur, her 100 defa "Allahümme ya musahhıral kulübi sahhirli kalbe (istenen kişinin adı ve anne adı söylenir) hatta yeküne tahte emri ve yef'al külle ma üriydü bi havlike ve kuvvetike ya Allahü la havle vela kuvvete illa billah" denir.

Okuma bitince 1001 defa YA ELİF zikri yapılır, 1001 defa da YA MUSAVVİR çekilir.

Sonuç Allah'a bırakılır...

AŞK, ONDA
OLAN BİR
ŞEYİN,
DÜNYA'DA
BAŞKA
HİÇ KİMSEDE
OLMAMASIDIR.

KIRMIZI MUM MUCİZESİ

"Ve elkaytü aleyke mehabbeten minni" duası kırmızı ve yeni alınmış bir mum üzerine 101 defa okunur, aşka ve muhabbete niyet edilir.

Gece geç saat yatak odanda KEVSER, KUREYŞ, TAHA SURELERİNİ okuduktan sonra, o kişinin resminin yanına bu hazır etmiş olduğun mumu koy ve yakmaya başla...

Mum yanarken sayısı olmayacak şekilde EL VEDUD – EL CAMİ denecek sürekli...

Mum azar azar 7 gece yakılacak. 7. Gece mum bitecek...

Mum sembolü: sıcaklık, çabuklaştırma anlamında ateş elementini sembolize eder. Mum yakmak, ortamdaki stresi alır, kişiyi yoğunlaştırır, etkili bir ritüelin vazgeçilmezi olan mum eski çağlardan bu yana kullanılır. Rahatça ve iç huzuru ile uygulayın.

İLİŞKİDE BAĞI KUVVETLENDİRME

"Bismillahirrahmanirrahim* izeşşemsu kuvviret* Ve izel-eshâru batalet* Ve izennucumunkederet.* Ve izel-eshâru batalet* Ve izelcibalu suyyiret.* Ve izel-eshâru batalet* Ve izel'işaru 'uttilet* Ve izel-eshâru batalet* Ve izelvuhuşu huşiret* Ve izel-eshâru batalet* Ve izelbiharu succiret* Ve izel-eshâru batalet* Ve izennüfûsu zuvvicet* Ve izel-eshâru batalet* Ve izelmev'udetu suilet* Ve izel-eshâru batalet* Bismillahirrahmanirrahim*Ennî messeniyeş-şeytânü bi nusbin ve azâb* Ve nünezzilü minel kur'âni mâ hüve şifâün ve rahmetün lil mü'minîn ve lâ yezîdüz-zalimîne illâ hasârâ*

İLİŞKİNİN hayrına olacaklar için niyet et.

Kendi kalbinden çıkaracağın altın bir halatı, onun kalbine doğru gönderdiğini imgele.

Sonra, onun gözlerine bakarak "SENİ SEVİYORUM, SENİ OLDUĞUN GİBİ KABUL EDİYORUM, İLİŞKİMİZİN EN YÜKSEK HAYRINA OLACAK ŞEKİLDE BU DUAM İLE İLİŞKİMİZİ MÜHÜRLÜYORUM" de.

Yukarıdaki duayı 21 defa oku. Akışı takip et...

RESİMLE BAĞ KURMA

100 kere

"Yuhibbunehum kehubbillahi vellezine amenü eşeddü hubben lillahi ve cealeş şemse zıyaen vel kamere nûran vallahu alimun bizatis sudür." duasını onun resmine oku...

Sonra ikinizim resminin arasına, 7 karanfil, 2 pirinç, 2 gül yaprağı, bir de mıknatıs koy.

Resimleri bir kumaşa, içindekilerle birlikte kapat.

Sonra her şeyin üzerine, 1001 defa YA MUKTEDİR esmasını oku.

Çalışmayı kapalı alanda, yatak odanda beklet...

KÖTÜ GİDEN İLİŞKİYİ TOPARLA

"Allahumme ya mevdiü küllü şekva veya şahidü küllü necva veya alimü küllü hifyetin veya kaşifü küllü beliyyetin ya münci Musa ve Muhammed ve İbrahim-ül Halil salavatüllahi ve selamühü ve daüfet kuvvetehü ve kallet hiletühü duael ğarikul melhuf, elleti la yecidü li keşfi ma bihi illa ente ya erhamerrahimin. Ekşif anna ma nezile bina min aduvvina ve adüvvike eşşeytanirrecim. Ya Rabbel Alemin inneke ala küllü şey'in kadir, Ya Allah, Ya Allah, Allahümme ya Bediü la bidayete leke, ya daimü la nifade leke, Ya Hay, Ya Mühyil mevta ya kaimen ala külli nefsin bima kesebet, ilahi ente Allah-ül azizül Cebbar. La ilahe İlla Ente ilahen vahiden. Es'elüke bi kelimatillahil tammeti el emnü vel afvü vel afiyete vel müafat el daimetü fiddini veddünya vel ahireti vel ehel, vel cesed vel mal, vel veled, vel müslimine ecmain. Ya Rabbel Alemin, inneke ala küllü şey'in kadir. Verhamni birahmetike ya erhamerrahimin. Vekşif anni ma nezile bi min dıykün ve küllema eradtü, ve hallısni halasan cemilen ya Rabbel Alemin."

NİYET ET VE 21 Ayetel Kürsi, 1 Duha Suresi oku.

Yukarıdaki duayı, onunla mutlu günlerinizi düşünüp, olumlu eski anlarınıza odaklanıp 21 defa oku.

Beyaz bir kağıda kırmızı kalemle onun adını alt alta 7 defa yaz.

Kağıdı yak. Külleri toprağa göm. Gömülü alanın üzerine, 1 bardak su dökeceksin. Suya 100 defa önceden EN NUR okunmuş olacak.

İLİŞKİNDE MUTLU SONA VARMA

İlişkinde istediğin sonuca bir türlü ulaşamıyorsan, bu dua senin için uygun...

İlişkide neler olmasını istiyorsan bunları bir bardak suya yüksek sesle söyle. Suyun hafızası ve kaydetme özelliği vardır... Sonra suya, 1000 kere YA MACİD esmasını ve aşağıdaki duayı oku:

Bismillahirrahmanirrahıym

"Allahümmec'al li min emri haza feracen ve mahrecen inneke ala külli şey'in kadiyr. Allahümme rabbe ibrahiyme ve musa ve rabbe ishaka ve ya'kube ve ıysa ve rabbe cebraiyle ve mikaiyle ve israfiyle ve azraiyle ve münzilet tevrate vel'inciyle vezzebüre vel fürkanel azıymi, erini fi menami ma tera li fiyhil hayre vel'aserat. Tevekkel ya cibriylü ente ve a'vanüke bihakkıl aziyzil cebbaril keriymil vehhabil kahhari allahümme elkı mahabbeti fi kalbi (hedeflenen kişinin adı ve annesinin adı) bihakkı maliki yevmiddiyni ve bihakkıl hayyil kayyümil vahıdil ehad ve tevekkel ya israfiylü ente ve a'vanike ve elki mahabbete (hedeflenen kişinin adı ve annesinin adı) bihakkı iyyake na'büdü ve iyyake neste'ıynü ve bi hakkıl melikil muktediril mukaddimel müdi'ül müıydü tevekkel ya rükıyaiyl ente ve a'vanike velkav mahabbete (hedeflenen kişinin adı ve annesinin adı) allahümme inni eselüke bihakkı nebiyyike muhammedin sallallahü teala aleyhi ve selleme ve bihurmeti hazihis süretiş şerifeti en takdi haceti bilütfike ve bifazlike ya allahü ya allahü ya allah."

Suyun yarısını iç, yarısını o içecek, suyun az dipte kalanı da toprağa dökülecek.

YAŞADIĞIN YA DA
YAŞAMAK İSTEDİĞİN
AŞK, SANA AYNALIK
ETMEK İÇİN GELİR.
SANA İÇTEKİ SENİ
GÖSTERİR, SEN
DÖNÜŞTÜKÇE SANA
GELECEK AŞK DA
DEĞİŞİR.

HEP AKLINDA OL...

Onun hep seni düşünmesini istiyorsan 21 gün boyunca, sabah ezanında kalkıp aşağıdaki duayı onu düşünerek oku...

"Rabbi heb li mines salihin. Fe beşşernahu bi ğulamin halim.

Ya eyyühelleziyne amenü la tubtılu sadekatikum bilmenni vel'eza, Vallahü la yehdil kavmel kafiriyne.

Ve fike barekallah.

Lekad câeküm resülün min enfüsikim aziyzun aleyhi ma anittum hariysun aleykum bilmü'miniyne raüfün rahiym.

Fein tevellev fekul hasbiyallahu la ilahe illa hüve aleyhi tevekkeltü ve hüve rabbül arşil'aziym."

KÜP ŞEKER UYGULAMASI

YOĞUNLAŞTIRMA VE GERÇEK AŞK...

"Allâhümme innî es-elüke bi-fâ-il ferdâniyyeti, ver-râir-rubûbiyyeti, vedâli devâmiddeymûmiyyeti, ve hâi hayâtis sermediyyeti, veyai yenâbîul hıkmeti, ve kâfil kudreti, ve yâil yüsrati, ve vâvil vücûdi, ve mîmil mülki, ve hâil hıkmeti, ve kâfil kibriyâi, ve mîmil melekûti, ve aynil ınâyeti, ve dâlid dirâyeti, ve lâmil lutfi, ve kâfil kahri, ve dâlid delâleti, ve vâvid velâyeti, sînis sekîneti* Aksemtü aleyküm eyyetühel ervâhur rûhâniyyetül huddâmi, li-hâzihil esmâil ızâm* İllâ mâ ecebtüm da'veti, ve berertüm kasemî, ve tevekkeltüm bi-kadâi hâcetî, fî külli mâ yerdallâhü teâlâ fîhi salâhu emrî, bi-hakki nûri vechillâhil azîmil a'zam* Ve azametihî ve kibriyâihî aleyküm iz lâ yesıfül vâsifûn* Vef-alû mâ emertüküm bihî, in kâne emrî leküm, ve lasemî aleyküm, fimâ yerdallâhü fakdû hâcetî* Ve in kâne fîmâ Yua'ddibullâhu feruddûhâ bi-hakki ismullâhil azîmil a'zami aleyküm ve kudretihî ledeyküm* Ve kâlû semi'nâ ve eta'nâ ğufrâneke Rabbenâ ve ileykel masîr."

BU ÖZEL KASEMİ, bir küp şekere 7 defa oku.

Şeker bir gece, senin yastık altında kalacak şekilde uyu...

Sabah şekeri ye. Aşka ve tutkuya niyet et. Sadaka ver.

SU GİBİ AKSIN...

Eşin sana karşı ilgisiz ise, bir bardak suya 4444 kere ya Cami ya Fettah ya Mukaddim oku. Ardından Cuma Suresi'ni oku. Suyun üzerine onun resmini, resim suya bakacak şekilde koy. Bu su senin yatağının yanında duracak.

Her şey düzelince, suyu toprak alana dök.

500 defa EŞ ŞEKÜR çek...

KISMET BULMA

222 kere YA HABİR esmasını çek.

Yeni ve hayırlı bir kısmet için niyet et...

21 gün boyunca her gün bu duayı oku:

"Ma enzelna aleykel kur'ane li teşka*

İlla tezkiraten limen yehşa*

Tenziylen mimmen halekal erda ves semavatil ula*

Errahmanü alel arşisteva*

Lehu ma fis semavati ve ma fil erdi ve ma beynehüma ve ma tahtes sera*

Ve in techer bil kavli fe innehu ya'lemüs sirra ve ahfa*

Allahü la ilahe illa hu lehül esmaül hüsna"

22. gün beyaz bir ipe 2 düğüm at. Bileğine tak. İşaretleri takip et.

EVLİLİK NİYETİ

21 defa KARİA SURESİ oku ve temiz bir kalp ile evlilik niyetine gir.

Bismillâhirrahmânirrahîm

(1) Yüsebbihu lillâhi mâ fîs semâvâti ve mâ fîl ardıl melikilkuddûsil azîzil hakîm (2) hüvellezî bease fîl ummiyîne resûlen minhum yetlû aleyhim âyâtihî ve yuzekkîhim ve yuallimuhumul kitâbe vel hikmete, ve in kânû min kablu le fî dalâlin mubîn. (3) ve âharîne minhum lemmâ yelhakû bi him, ve huvel azîzul hakîm (4) zâlike fadlullâhi yu'tîhi men yeşâ' vallâhu zulfadlil azîm (5) meselul lezîne hummilût tevrâte summe lem yahmilûhâ kemese lil hımâri yahmilu esfârâ, bi'se meselul kavmillezîne kezzebû bi âyâtillâh, vallâhu lâ yehdîl kavmez zâlimîn (6) kul yâ eyyuhellezîne hâdû in ze'amtum ennekum evliyâu lillâhi min dûnin nâsi fetemennevul mevte in küntüm sâdikîn (7) ve lâ yetemennevnehû ebeden bi mâ kaddemet eydîhim, vallâhu alîmun biz zâlimîn (8) kul innel mevtellezî tefirrûne minhu fe innehu mulâkîküm sümme türaddûne ilâ âlimil ğaybi veş şehâdeti fe yünebbiuküm bi mâ küntüm ta'melûn (9) yâ eyyuhellezîne âmenû izâ nûdîye lis salâti min yevmil cümu'ati fes'av ilâ zikrillâhi ve zerul bey', zâliküm hayrun leküm in küntüm ta'lemûn (10) fe izâ kudîyetis salâtu fenteşirû fîl ardı vebteğu min fadlillâhi vezkurullâhe kesîren leallekum tüflihûn (11) ve izâ ra'ev ticâreten ev lehveninfeddû ileyhâ ve terekkûke kâimâ, kul mâ indallâhi hayrun minellehvi ve minetticâreh, vallâhu hayrur râzîkin.

Yukarıdaki bu dua, 7 sabah erken vakitte 7'şer defa okunacak.

8. gün beyaz bir kağıda 2 pirinç koyup, yatak odanda saklanmaya başlayacak. Niyetin olunca bu iki pirinci toprağa göm.

BİR RUHU ÇOK SEVERSEN, ONU SADECE ALLAH'TA İSTE. KALPLER DE SADECE ALLAH'A BAĞLIDIR...

ZEYTİN VE KARANFİLLE GELEN TUTKU

7 adet zeytin çekirdeği ve 7 adet karanfil üzerine:

LEYL, KADİR, TAHA, NİSA, NUR Sureleri okunur...

Okuma bitince, hepsi toprağa gömülür.

"HAKKIMDA HAYIRLI OLAN AŞK KİMSE, GELİP BENİ BULSUN. SEN KABUL ET ALLAH'IM" denir.

Toprak alandan eve geçince, 1000 defa YA HABİB denir.

GECE VE AŞK

21 GECE BOYUNCA DEVAM ET BU ÖZEL OKUMAYA.

Karşındaki insan sana yoğunlaşsın diye yapılır.

Gece geç saat okunur...

Okurken elini kalp çakrana koy ve oku:

"İnna halaknel insane min nutfetin emşacin nebtelihi kezalike nebtelihi emşacin keza ila mehabeti keza el-acele el-acele, es-saate es-saate, el-vahan el-vahan. Barekellahü fiküm ve aleyküm."

AŞKTA "ACİL HABER ALMA"

1001 defa oku:

"Allâhumme salli salâten kâmileten ve sellim selâmen tâmmen alâ Seyyidinâ Muhammedinillezî tenhallü bihil ukadü ve tenfericu bihil-kürebü ve tukdâ bihil-havâicu ve tünâlü bihir-reğâibü ve hüsnül-havâtimi ve yustaskal ğamâmu bivechihil Kerîm ve alâ âlihî ve sahbihi fî külli lemhatin ve nefesin bi adedi külli ma'lûmin lek."

EVDE VE EVLİLİKTE HUZUR

Kureyş Suresi 7 defa okunur, 786 kere de BESMELE çekilir.

1001 defa YA HALİM denir ve

"Allahümme ya rabbi bi cahi sahıbil vesileti seyyidina ve nebiyyina ve habibina ve kurrati uyünina ve nuri ebsarina habibike muhammedinil mustafa ve rasulikel mürteda ve nebiyyikel mücteba* havvil halena ila ahsenil hali ya muhavvilel havli vel ahval." duası okunur.

Konu düzelene dek devam edilir…

999 BESMELE İLE "EVLİLİK NİYETİ"

Beyaz bir kağıda, kırmızı kalem ile bir kalp çiz.

Yeni satın alacağın bir yüzüğü bu kalp içine koy.

999 kere BU KALBE DOĞRU Besmele çek, evlilik niyetine gir.

Yüzüğü takmaya başla…

Niyetin tutunca bu yüzüğü, evlilik isteyen birine hediye et…

İLİŞKİNİ ŞİFALANDIR

Bu özel duayı 21 gece boyunca, her gece bir kere oku.

Okumaya başlamadan önce, her seferinde, bu ilişkiden tüm olumlu beklentilerini beyaz bir kağıda net olarak yaz. Sağ elini bu kağıda koy, sonra elini kalbine koy ve okumaya o şekilde başla.

"Sübhanellezi esra bi abdihi leylen minel mescidil harami ilel mescidil aksallezi bâreknâ havlehu li nüriyehu min ayatina innehu hüves semiul basiyr.(2) ve ateyna muse'l kitabe ve cealnahü hüden li beni israiyle ella tettehizu min duni vekiyla.(3) zürriyyete men hamelna mea nuh innehu kane abden şekura.(4) ve kadayna ila beni israiyle fil kitabi le tüfsidünne fil ardi merrateyni ve le ta'lünne ulüvven kebiyra.(5) fe iza cae va'dü ulahüme beasna aleyküm ıbaden lena üli be'sin şedidin fe câsu hilaled diyar ve kane va'den mef'ula.(6) sümme radedna lekümül kerrate aleyhim ve emdednaküm bi emvalin ve benine ve cealnaküm eksera nefira.(7) in ahsentüm ahsentüm li enfüsiküm ve in ese'tüm feleha fe iz cae va'dül ahırati li yesuu vücuheküm ve li yedhulül mescide kema dehaluhü evvele merratin ve liyütebbiru ma alev tetbıra.(8) asa rabbuküm ey yerhameküm ve in udtüm udna ve cealna cehenneme lil kafirine hasıyra.(9) inne hazel kur'ane yehdi lilleti hiye akvemü ve yübeşşirul mü'mininellezine

ya'melunes salihati enne lehüm ecran kebiyra.(10) ve ennellezine la yü'minune bil ahirati a'tedna lehüm azaben eliyma.(11) ve yed'ul insanü biş şerri düaehu bil hayr ve kanel insanü acula.(12) ve cealnel leyle ven nehara ayeteyni fe mehavna ayetel leyli ve cealna ayeten nehari mübsiraten li tebteğu fadlen min rabbiküm ve li ta'lemu adedes siniyne vel hisab ve külle şey'in fassalnahü tefsıyla.(13) ve külle insanin elzemnahü tairahu fı unukih ve nuhricü lehu yevmel kıyameti kitaben yelkahü menşura.(14) ikra' kitabek kefa bi nefsikel yevme aleyke hasiyba.(15) menihteda fe innema yehtedi li nefsih ve men dalle fe innema yedıllü aleyha ve la teziru vaziratün vizra uhra ve ma künna müazzibine hatt neb'ase rasula.(16) ve iza eradna en nühlike karyeten emarna mütrefiyha fe feseku fiyha fe hakka aleyhel kavlü fe demmernaha tedmira. (17) ve kem ehlekna minel kuruni mim ba'di nuhin ve kefa bi rabbike bi zünubi ıbadihı habıran basiyra.(18) men kane yüriydül acilete accelna lehu fiha ma neşaü li men nüriydü sümme cealna lehu cehenneme yaslaha mezmumen medhura. (19) ve men eradel ahırate ve sea leha sa'yeha ve hüve mü'minün fe ülaike kane sa'yühüm meşkura.(20) küllen nümiddü haülai ve haülai min atai rabbik ve ma kane ataü rabbike mahzura.(21) ünzur keyfe faddalna ba'dahüm ala ba'd ve lel ahiratü ekberu deracatin ve ekberu tefdıyla.(22) la tec'al meallahi ilahen ahara fe tak'ude mezmumen mahzula.(23) ve kada rabbüke ella ta'büdu illa iyyahü ve bil valideyni ıhsana imma yeblüğanne ındekel kibera ehadühüma ev kilahüma fe la tekul lehüma üffin ve la tenherhüma ve kul lehüma kavlen keriyma.(24) vahfıd lehüma cenahaz zülli miner rahmeti ve kul rabbirhamhüma kema rabbeyani sağiyra.(25) rabbüküm a'lemü bima fı nüfusiküm in tekunu salihıyne fe innehu kane lil evvabine ğafura.(26) ve ati zel kurba hakkahu vel miskine vebnes sebili ve la tübezzir tebzıra.(27) innel mübezzirine kanu ihvaneş şeyatıyn ve kaneş şeytanü li rabbihi kefura.(28) ve imma tu'ridanne anhümübtiğae rahmetin min rabbike tercuha fe kul lehüm kavlen meysura.(29) ve la tec'al yedeke mağluleten ila unukike ve la tebsutha küllel basti fe tak'ude melumen mahsura.(30) inne rabbeke yebsütur rizka li men yeşaü ve yakdir innehu kane bi ibadihi habıran basiyra.(31) ve la taktülu evladeküm haşyete imlak nahnü nerzükuhüm ve iyyaküm inne katlehüm kane hit'en kebiyra.(32) ve la takrabüz zina innehu kane fahişeh ve sae sebıla.(33) ve la taktülün nefselleti harramellahü illa bil hakk ve men kutile mazlumen fe kad cealna li veliyyihı sültanen fe la yüsrif fil katl innehu kane mensura.(34) ve la takrabu malel yetiymi illa billeti hiye ahsenü hatta yeblüğa eşüddehu ve evfu bil ahd innel ahde kane mes'ula.(35) ve evfül keyle iza kiltüm vezinu bil kıstasil müstekıym zalike hayrun ve ahsenü te'vila.(36) ve la takfü ma leyse leke bihi ilmun, innes sem'a vel besara vel füade küllü ülaike kane anhü mes'ula.(37) ve la temşi fil ardi merahan inneka len tahrikal arda ve len teblüğal cibale tula.(38) küllü zalike kane seyyiühu ınde rabbike mekruha.(39) zalike mimma evha ileyke rabbüke minel hıkmeh ve la tec'al meallahi ilahen ahara fe tülka fi cehenneme melumen medhura.(40) e fe asfaküm rabbüküm bil benıne vettehaze minel melaiketi inasa inneküm le tekulune kavlen aziyma.(41) ve le kad sarrafna fı hazel kur'ani li yezzekkeru ve ma yeziydühüm illa nüfura.(42) kul lev kane meahu alihetün kema yekulune izen lebteğav ila zil arşi sebıla.(43) sübhanehu ve teala amma yekulune ulüvven kebıra.(44) tüsebbihu lehüs semavatüs seb'u vel erdu ve men fihinne ve in min şey'in illa yüsebbihu bi hamdihı ve lakin la tefkahune tesbıhahüm innehu kane halimen ğafura.(45) ve iza kara'tel kur'ane cealna beyneke ve beynellezıne la yü'minune bil ahırati hıcabem mestura.(46) ve cealna ala kulubihim ekinneten en yefkahuhü ve fi azanihim vakra ve iza zekerte rabbeke fil kur'ani vahdehu vellev ala edbarihim nüfura.(47) nahnü a'lemü bima yestemiune bihi iz yestemiune ileyke ve iz hüm necva iz yekulüz zalimune in tettebiune illa racülen meshura.(48) ünzur keyfe darabu lekel emsale fe dallu fela yestatiy'une sebila.(49) ve kalu e iza künna izamen ve rufaten en inna le meb'usune halkan cedıda.(50) kul kûnü hicareten ev hadida.(51) ev halkan mimma yekbüru fi suduriküm fe seyekûlûne men yuiydüna kulillezi fetaraküm evvele merrah feseyünğıdune ileyke ruusehüm ve yekulune meta hu kul asa ey yekune karıba.(52) yevme yed'uküm fe testeciybune bi hamdihi ve tezunnune in lebistüm illa kalila.(53) ve kul li ibadi yekulülletı hiye ahsen inneş şeytane yenzeğu beynehüm inneş şeytane kane lil insani adüvven mübina.(54) rabbüküm a'lemü biküm in yeşe' yerhamküm ev in yeşe' yüazzıbküm ve ma erselnake aleyhim vekila.(55) ve rabbüke a'lemü bi men fis semavati vel ard ve le kad faddalna ba'dan nebiyyine ala ba'dın ve ateyna davude zebura.(56) kulid'ullezine zeamtaüm min dûnihi fe la yemlikune keşfed durri anküm ve la tahvıla. (57) ülaikellezine yed'une yebteğune ila rabbihimül vesılete eyyühüm akrabü ve yercune rahmetehu ve yehafune azabeh inne azabe rabbike kane mahzura.(58) ve in min karyetin illa nahnü mühlikuha kable yevmil kıyameti ev müazzibuha azaben şediyda kane zalike fil kitabi mestura.(59) ve ma meneana en nürsile bil ayati illa en kezzebe bihel evvelun ve ateyna semuden nakate mübsıraten fe zalemu biha ve ma nürsilü bil ayati illa tahvifa.(60) ve iz kulna leke inne rabbeke ehata bin nas ve ma cealner ru'yelleti eraynake illa fitneten linnasi veş şeceratel mel'unete fil kur'an ve nühavvifühüm fe ma yeziydühüm illa tuğyanen kebiyra.(61) ve iz kulna lil melaiketiscüdu li ademe fe secedu illa iblis kale e escüdü li men halakte tıyna. (62) kale e raeyteke hazellezi kerramte aleyye le in ehharteni ila yevmil kıyameti le ahtenikenne zürriyyetehu illa kaliyla. (63) kalezheb fe men tebiake minhüm fe inne cehenneme cezaüküm cezaen mevfura.(64) vestefziz menisteta'te minhüm bi savtike ve eclib aleyhim bi haylike ve racilike ve şarikhüm fil emvali vel evladi veıdhüm ve ma yeıdühümüş şeytanü illa ğurura(65) inne ıbadı leyse leke aleyhim sültan ve kefa bi rabbike vekila.(66) rabbükümüllezi yüzci lekümül fülke fil bahri li tebteğu min fadlih innehu kane bi küm rahiyma.(67) ve iza messekümüd durru fil bahri dalle men ted'une illa iyyah felemma neccaküm ilel berri a'radtüm ve kanel insanü kefura. (68) e fe emintüm ey yahsife biküm canibel berri ev yürsile aleyküm hasıben sümme la tecidu leküm vekiyla.(69) em emintüm ey yüıydeküm fihi taraten uhra fe yürsile aleyküm kasıfen miner riyhi fe yuğrikaküm bima kefartüm sümme la tecidu leküm aleyna bihi tebiy'a.(70) ve le kad kerramna beni ademe ve hamelnahüm fil berri vel bahri ve razaknahüm minet tayyibati ve faddalnahüm ala kesirin mimmen halakna tefdıyla. (71) yevme ned'u külle ünasin bi imamihim fe men utiye kitabehu bi yemiynihi fe ülaike yakraune kitabehüm ve la yuzlemune fetiyla.(72) ve men kane fi hazihi a'ma fe hüve fil ahırati a'ma ve edallü sebiyla.(73) ve in kâdü le yeftinuneke anillezi evhayna ileyke li tefteriye aleyna ğayrahu ve izen lettehazuke halıla.(74) ve lev la en sebbetnake le kad kidte terkenü ileyhim şey'en kaliyla.(75) izen le ezaknake dı'fel hayati ve dı'fel memati sümme la tecidü leke aleyna nasiyra. (76) ve in kâdü leyestefizzuneke minel erdı li yuhricuke minha ve izen la yelbesune hılafeke illa kalıla.(77) sünnete men kad erselna kableke min rusülina ve la tecidü li sünnetina tahvıla. (78) ekımıs salate li dülukiş şemsi ila ğasekıl leyli ve kur'anel fecr inne kur'anel fecri kane meşhuda.(79) ve minel leyli fe tehecced bihi nafileten leke asa ey yeb'aseke rabbüke mekamen mahmuda.(80) ve kul rabbi edhılni müdhale sıdkın ve ahrıcni muhrace sıdkın vec'al lı min ledünke sültanen nasiyra.(81) ve kul cael hakku ve zehekal batıl innel batıle kane zehuka. (82) ve nünezzilü minel kur'ani ma hüve şifaün ve rahmetün lil mü'minine ve la yeziydüz zalimine illa hasara.(83) ve iza en'amna alel insani a'rada ve nea bi canibih ve iza messehüş şerru kane yeusa.(84) kul küllün ya'melü ala şakiletih fe rabbüküm a'lemü bi men hüve ehda sebiyla.(85) ve yes'eluneke anir ruh kulir ruhu min emri rabbi ve ma utiytüm minel ılmi illa kaliyla.(86) ve lein şi'na le nezhebenne billezi evhayna ileyke sümme la tecidü leke bihi aleyna vekiyla.(87) illa rahmeten min rabbik inne fadlehu kane aleyke kebiyra.(88) kul leinictemeatil insü vel cinnü ala ey ye'tu bi misli hazel kur'ani la ye'tune bi mislihi ve lev kane ba'duhüm li ba'dın zahiyra.(89) ve le kad sarrafna lin nasi fı hazel kur'ani min külli meselin fe eba ekserun nasi illa küfura.(90) ve kalu len nü'mine leke hatta tefcüra lena minel erdı yembua.(91) ev tekune leke cennetün min nehıylin ve ınebin fe tüfecciral enhara hılaleha tefciyra.(92) ev tüskıtas semae kema zeamte aleyna kisefen ev te'tiye billahi vel melaiketi kabiyla.(93) ev yekune leke beytün min zuhrufin ev terka fis semai min külli meselin fe eba ekserun nasi illa küfura ve len nü'mine li rukıyyike hatta tünezzile aleyna kitaben nakraüh kul sübhane rabbi hel küntü illa beşeran rasula.(94) ve ma menean nase ey yü'minu iz caehümül hüda illa en kalu e beasellahü beşeran rasula.(95) kul lev kane fil erdı melaiketün yemşune mutmeinniyne le nezzelna aleyhim mines semai meleken rasula.(96) kul kefa billahi şehiden beyni ve beyneküm innehu kane bi ibadihi habiran basiyra.(97) ve men yehdillahü fe hüvel mühted ve mey yudlil fe len tecide lehüm evliyae min dunih ve nahşüruhüm yevmel kıyameti ala vücuhihim umyen ve bükmen ve summa me'vahüm cehennem küllema habet zidnahüm seıyra.(98) zalike cezaühüm bi ennehüm keferu bi ayatina ve kalu e iza künna ızamen ve rufaten e inna le meb'usune halkan cediyda.(99) e ve lem yerav ennellahellezi halekas semavati vel erda kadirun ala ey yahlüka mislehüm ve ceale lehüm ecelen la raybe fıh fe ebez zalimune illa küfura.(100) kul lev entüm temlikune hazaine rahmeti rabbi izen le emsektüm haşyetel infak ve kanel insanü katura.(101) ve le kad ateyna musa tis'a ayatin beyyinatin fes'el beni israile iz caehüm fe kale lehu fir'avnü inni le ezunnüke ya musa meshura.(102) kale le kad alimte ma enzele haülai illa rabbüs semavati vel erdı besair ve inni le ezunnüke ya fir'avnü mesbura.(103) fe erade ey yestefizzehüm minel erdı fe ağraknahü ve mem meahu cemiy'a. (104) ve kulna min ba'dihi li beni israiyleskünül erda fe iza cae va'dül ahirati ci'na biküm lefiyfa.(105) ve bil hakkı enzelnahü ve bil hakki nezel ve ma erselnake illa mübeşşiran ve neziyra.(106) ve kur'anen feraknahü li takraehu alen nasi ala müksin ve nezzelnahü tenziyla.(107) kul aminu bihı ev la tü'minu innelleziyne utül ılme min kablihi iza yütla aleyhim yehırrune lil ezkani sücceda.(108) ve yekulune sübhane rabbina in kane va'dü rabbina le mef'ula.(109) ve yehırrune lil ezkani yebkune ve yeziydühüm huşua.(110) kulid'ullahe evid'ur rahman eyyen ma ted'u fe lehül esmaül hüsna ve la techer bi salatike ve la tühafit biha vebteği beyne zalike sebiyla.(111) ve kulil hamdü lillahillezi lem yettehız veleden ve lem yekün lehu şerikün fil mülki ve lem yekün lehu veliyyün minez zülli ve kebbirhü tekbiyren."

EŞİN EVDEN UZAK DURUYORSA

"Hatemallahü ala kulubihim ve ala sem'ihim, ve ala ebsarihim ğişaveh, ve lehüm azabün aziym

Ve cealna min beyni eydiyhim sedden ve min halfihim sedden fe ağşeynahüm fehüm la yübsirun."

BİR AVUÇ toprak al.

Yukarıdaki duayı 114 El Cami zikri ve 7 adet Kureyş Suresi okuduktan sonra, bu toprağa doğru 8 kere oku. Toprağı, eşin gelene kadar yatak odanda tut. Eşin eve yeniden ısınınca, toprağı yeni satın alacağın bir saksıda çiçeğe göm. Çiçeği evinde yaşat.

BİRİNİ UNUTMAYA ÇALIŞMA
ZORLA... BİTMİŞ BİLE OLSA
HALA AKLINDAYSA, BU
DURUM DA SENDE BİR
ŞEYLERE HİZMET EDİYOR
DEMEKTİR. SEN EN SONUNDA
TÜM YAŞAM DERSİNİ ALMIŞ
OLUNCA, O DUYGU SENİ
TERK EDER ZATEN...

YALNIZLIKTAN KURTULMA DUASI

1 TEVBE SURESİ

7 YASİN

7 SALAVAT

7 İSTİĞFAR

1 FİL SURESİ

1 FETİH SURESİ

1000 BESMELE

21 DEFA: Sübhane'l meliki'l kuddüs; rabbi'l melaiketi ve'r-ruh, cellelte's-semavati ve'l arda bi'l izzeti ve'l ceberüt.

KISMET AÇMA VE HAYIRLI EVLİLİK

100 defa Besmele ve 100 defa "Ya Malikel Mulki Züel Celali Vel İkram" oku. Sonra 100 defa "Allahümme salli ala seyyidina muhammedin" Salatu Selamını okuduktan sonra temiz bir kağıt üzerine:

"Allahumme inni es'elüke en tesune fi savnı samedaniyetike hamili haza min külli sihrin ve isabatin ve aynın ve min şerri külli şeytanın ve füccarın esimin bi hakkı muhammedin habibike ve resulike allahümme salli ala seyyidina muhammedin ve ala alihi ve eshabihi ve sellim teslimen kesiyren" oku, kağıda büyük harfle "EVLENDİM" yaz ve bu kağıdı toprağa göm.

7 CAMİ MUCİZESİ

7 ayrı camiden aşka niyet edip su topla.

Hepsi tek bir cam şişede toplanacak.

7 Yasin ve 7000 El Cami oku bu suya doğru...

Suyu 7 günde azar azar iç ve hayırlı kısmet için niyet et.

Okuma bitince 7 kişiye sadaka ver…

ONUNLA EVLEN

Okumaya 7 gece devam edilecek...

11 Salavat

786 Besmele

21 Kevser

7 Kureyş

21 Ya HABİB

1000 Ya Muhsi

Okuma ikinizin resmine doğru yapılacak.

İmgeleme yolu ile sürekli evlilik anı düşünülüp okunacak.

8. gece bir daire içine, iç içe geçecek şekilde ikinizin isimleri yazılacak.

Daire üzerine de 2222 kere "ya Cami ya Vedud ya Habib" okunacak.

Okuma bitince, sağ elinin işaret parmağı ile dairenin üzerinde 7 defa saat yönünde dön.

Daireyi odanda sakla.

ETKİLİ MUHABBET DUASI

KASAS SURESİ okunur ve niyet edilir…

1000 defa LA HAVLE VELA KUVVETE İLLA BİLLAHİL ALİYYİL AZİM okunur her 100 defa da "Allahümme ya musahhiral kulübi sahhirli kalbe (istenen kişininadı ve anne adı söylenir) hatta yeküne tahte emri ve yefal külle ma üriydü bi havlike ve kuvvetike ya allahü la havle vela kuvvete illa billah."

100 defa da "Ya kadim, ya daim, ya kadim, ya daim, ya karrar, ya ehad, ya Muhammed. Kul huvallahü ehad, allahüssamed lem yelid velem yuled ve lem yekün lehu küfuven ehad. Ve sallallahu ala seyyidina Muhammedin ve alihi ecmain." okunur…

AŞK, BAŞKA BİR RUHTA, SENİN KENDİNE TANIKLIK ETMENDİR...

İNCİRLİ MUCİZE

YENİ AŞKA BAŞLAMAK için okunur…

2 adet kuru incire 1111 kere YA VEDUD oku ayrı ayrı.

2 adet kırmızı iplik al.

İncirleri tam ortadan del, delerken YA HAYY YA KAYYUM de…

Deliklerden iplikleri geçir.

Bu ipliğe takılmış incirleri Güneş alacak bir yere as.

Astıktan sonra; MERYEM SURESİ'ni oku.

ALDATILAN OKUR

Tuz üzerine oku:

"Bismillahirrahmanirrahim. Ve darabe lena meselen ve nesiye halkah. Kale men yuhyil ızame ve hiye ramiym. Kul yuhyihellezi enşeeha evvele merrah ve hüve bi külli halkın alim. Ellezi ceale leküm mineş şeceril ahdari naran fe iza entüm minhü tükıdun. Allahümme inni akadtü ve ahraktü kalbi ve lisani ila mehabbeti (hedeflenen kişinin adı ve annesinin adı söylenir). Bi hakkı ve bi hürmeti İyyake na'bü ve iyyake nestein."

SONRA TUZU tavada yak.

Tuz yanarken NAS ve KALEM SURELERİ okunur.

Takip eden 7 gece boyunca, evde 7 DÜKKAN SÜPRÜNTÜSÜ VE ÜZERLİK yine tavada yakılacak. Yakma esnasında 1001 kere YA ALİM esması okunacak.

AŞKIN DORUKLARINA ÇIKMA

2000 defa okunur:

"Fe in tevellev fe kul hasbiyellahü la ilahe illa hüve aleyhi tevekkeltü ve hüve Rabbül arşil azim."

Ardından da 80.000 kere EL BEDİ okuması, 21 gün geçmeden tamamlanır.

GERİ GELSİN

Allah'ın 99 adını oku.

Geri gelmesi için niyete gir.

Niyetini ve bu duanı kimseye bahsetme, Allah ile senin aranda kalsın.

Seni olumsuz kod'layabilecek herkesten ve her şeyden uzaklaş, sadece bu konuya oddaklan.

1 FETİH VE 1 FATİHA oku.

NİSA SURESİ 19. AYETİ 100 DEFA OKU...

1000 defa YA MÜCİB de, RUM SURESİ 21. Ayeti oku.

Meryem Suresi 96. Ayeti okuyarak devam et.

En sonunda da: 222 defa YA MÜTEALİ de.

7000 VE SÜT MUCİZESİ

Geri getirmek için…

"YA ALLAH, YA RAHMAN, YA RAHİM, YA KAVİYY, YA KADİR" 7000 defa okunur ve giden kişinin kalbinin yumuşayıp geri gelmesi için Allah'a yakarılır…

Sonra bir bardak ılık süte; 999 kere YA VEDUD okunur, süte ayrıca "içine önceden" 100 defa YA HABİB okunmuş 1 kesme şeker de katılır, sütü sen içeceksin.

"Bu süt kadar saf ve temiz, bu şeker kadar tatlı bir aşka niyet ettim, geri gelsin. Amin." denecek…

BİRİNİ
GERÇEKTEN
SEVEN, ONU
DUALARINA
TESLİM
ETMELİ...

ESMALARLA GERİ GELEN AŞK

21 Besmele çek.

1001 defa "YA MUKALLİBEL KULUB VE YA ŞEDİDEL BATŞİ" denecek.

"Allah'ım senin mübarek adlarınla, saf ve temiz bir kalp ile yola çıktım, kabul et. Amin." denecek.

8 adet ŞAHMERAN DUASI okunacak.

HEP SENİ DÜŞÜNSÜN...

213 kere "Ya Bari" 287 defa "Ya Rauf" oku. Sürekli onu düşün...

Tarık Suresi'ni oku.

"ALLAHÜMME YA VEDÜD YA VEDÜD YA VEDÜD YA ZEL ARŞİL MECİD YA MÜBDİU YA MUİYD YA FE'ALU LİMA YURİD ES ELÜKE Bİ NURİ VECHİKE VE SEYRANİ HÜBBİKE VE KULUBİ ENBİYAİKE VE EVLİYAİKE EN TELKİYE SECUCİN AHİN KECUCİN AHİN RECUCİN AHİN ŞECUCİN AHİN TECUCİN AHİN SECUCİN AHİN ĞECUCİN AHİN ZECUCİN AHİN DECUCİN AHİN ZECUCİN AHİN ĞECUCİN AHİN." Bu duayı okuarak devam et...

7 defa söyle: "Ve lekad ahidnâ ilâ Âdeme min kablü fenesiye."

İLİŞKİDE GÜÇLENME VE DERİNLİK

21 Ayetel Kürsi oku, sonra:

"ya vedud ya zel arşil kerim ya beduh ya zel arşil azim ya rauf ya zel arşil mecid ya cebbar ya settar, ya mukiyt ya muğis ya hennan ya mennan veelkaytu aleyke mehebbete (hedeflenen kişinin adı ve annesinin adı söylenir) minni ve li tusni ala ayni es seah el vehen el ecel." duasını oku.

7 defa oku:

"Bismilllahirrahmanirrahim

Vela havle vela kuvvete illa billahil aliyyil azim

Ya kadim ya daim ya vitr ya ehad ya samed ya men lem yelid ve lem yuled

Ve lem yekün lehü küfüven ehad.

Sallallahü teala aleyhi ecmain."

"Mühürledim" dedikten sonra bunu oku 100 defa:

"Ya kadim, ya daim, ya kadim, ya daim, ya kahhar, ya ehad, ya Muhammed. Kul huvallahü ehad, lem yelid velem yuled ve lem yekün lehu küfuven ehad. Ve sallallahu ala seyyidina Muhammedin ve ala alihi ecmain."

BİRİNİN AHI,
BAŞKASININ
MUCİZESİNE
İZİN VERMEZ.
SEN DAİMA,
AŞKTA ENERJİNİ
SAF VE TEMİZ
TUTAN OL...

MUMLA MÜHÜRLEME

BİR BEYAZ iplik al.

7 adet düğüm at ve her düğümde "niyet ettim ilişkimde hayırlısı ve Allah'ın izni ile mutlu sona ulaşmaya" de.

21 adet YASİN oku.

Beyaz bir mum yak.

Düğümlü ipi, beyaz bir kağıda top gibi yapıp koy.

Üzerine yaktığın mumdan eritip dök.

Bu bir mühür gibi olacak.

Bu mührün üzerine 7 damla gül yağı damlat.

Kapatıp, odanda niyetin olana kadar beklet…

BARIŞMA VE KUVVENLENDİRME

Bismillahirrahmanirrahim.

"Allahümme ente Camiül mevcüdat ba'duha alâ ba'din ve cemiü halatiha fil ibrami vel ğazab mena'tel eşyae an makasidüha bil emril kahiri ve evsalte ba'duha li ba'din bil rahmeti vel haz es'elüke allahümme bi müradike min men'il eşyae en taktaü anni küllü kâtiın kataani anke ve yahcübni minke Yâ Allah Yâ Camiü es'elüke en tecmaü alâ idrakati ve zati bil selamil kudsiyyeti ve tetecella alâ rühi devamü hifzake ve vaffıkni li hizmetike ve huzüri beyne yedeyke inneke entellahül Camiü li külli hayrin lâ ilâhe illâ ente." duasını oku ve sonra onun resmine 1140 kere "Ya Cami" de…

SENİ AFFETSİN VE VAZGEÇMESİN...

21 gün boyunca, her gün 7 defa:

Bismillâhirrahmânirrahîm. Hamdi senâî vel kibriyâî zâtı vel hulku küllühüm, abdı ve imâî vel enbiyâü ver rusülü evliyâi ve asfiyâi ve muhammedin rasûlüllahi sallâllahü aleyhi ve sellem. Nebiyyî ve rusülî innî kad zevvectül eşyâe liyedüllû ala vahdâniyyetî eşhedü ve melâiketis seb'atî ve hameletül arşı innî kad zevvectü emetî hakkal bediyh fıtrati ve menbau kudreti âdemü aleyhisselâm, aleyhi salâtî ve tesbîhî ve tenzîhihî ve tehlîlî ve hüve âyetel kürsî bişehâdeti en la ilahe illâllahü yâ âdemi yâ havvâi üdhulâ cenneti ve kula semeratî velâ takrabâ şeceratî, esselâmü aleykümâ ve rahmeti ve bereketi. Allahümme ahrık ve heyyic ve eclib ve eczib kalbi ve akli ve ruhi ve cem'ı a'zâi ve cem'ı cevârihı (hedeflenen kişinin adı ve annesinin adı söylenir) **alâ hubbi ve aşki ve mehabbeti ve meveddeti** (kişinin adı ve annesinin adı söylenir) **bil mehabbetil kaviyyeti veş şediydeti min ğayri mühletin bilâ ihtiyarin bil aceli ves sür'ati. Allahümme ellif beynehümâ kemâ ellefte beyne âdeme ve havvâe ve kemâ ellefte beyne mûsâ ve safûrâ ve kemâ ellefte beyne ibrâhîme ve sârâ ve hâcer, ve kemâ ellefte beyne, yûsuf ve züleyhâ ve kemâ ellefte beyne muhammed ve âişe radıyallahü anhüm ve radû anh. Ve bihakkı cebrâîle ve mikâîle ve isrâfîle ve azrâîle salâvâtullahi aleyhim ecmaîn. Ve bihakkıl enbiyâi vel mürselîn. Ve sallâllahü alâ hayri halkıhî muhammedin ve âlihî ve sahbihî ecmaînet tayyibînet tâhirîn. Ve selâmün alel mürselîn vel hamdü lillâhi rabbil âlemin.**

ÜSTÜN RUH,
HEP HAYIRLISINI
İSTER ALLAH'TAN.
BAŞKA BİR
RUHA BAĞIMLI
OLMAYI SEÇMEZ.
BAĞLILIK GÜZEL,
BAĞIMLILIK İSE
TOKSİKTİR.

EŞİNİ EVE BAĞLA, EVİNE HUZUR GETİR

"Ya vedud ya vedudi ya zel arşil mecid

inni eselüke bismike ellezi min ardike ve muteharrematu min kitabike ve bi ismikel azami ve ceddikel ala" diyerek evde gül yağı ile buhur yap… Sonra KEVSER SURESİ'ni oku.

Yatak odanda ardından bu duayı 7 kere oku:

"Bismilllahirrahmanirrahim

Vela havle vela kuvvete illa billahil aliyyil azim

Ya kadim ya daim ya vitr ya ehad ya samed ya men lem yelid ve lem yuled

Ve lem yekün lehü küfüven ehad.

Sallallahü teala aleyhi ecmain.

Velâ havle vela kuvvete illa billahil aliyyil azim. Ya kadim ya daim ya vitrü ya samed ya men lemyelid velem yuled velem yekün lehü küfüven ehad sallallahu teala aleyhim ecmain."

SENİ BIRAKAMASIN...

21 DEFA KARİA SURESİ oku.

Hakkında hayırlısı için niyet et. Allah'a teslim ol.

100 defa: "la havle vela kuvvete illa billah'l aliyyi'l-azim" de.

100 kere Besmele çek.

SON OLARAK BU DUAYI OKU:

"Allahümme ya musahhiral kulübi sahhirli kalbe (hedeflenen kişinin adı ve annesinin adı söylenir) hatta yeküne tahte emri ve yef'al külle ma üriydü bihavlike ve kuvvetike ya allahü la havle vela kuvvete illa billah"

"Allahümme inni es elüke bihavlike ve kuvvetike ya musahhırel kulübi sahhırli kalbi (hedeflenen kişinin adı ve annesinin adı söylenir) hatta yuhibbuni hubben şediden ve yeküne tahte emri ve yef'al külle ma üriydü mine'l-hayri vel a'mali'l-meşrüah ya allah ya allah ve sallallahü ala seyyidina muhammedin sallallahü aleyhi ve ala alihi ve sahbihi ve sellem sübhane rabbike rabbbi'l-izzeti amma yasifün ve selamün ale'l-mürselin ve'l-hamdülillahi rabbi'l-alemin."

SANA KARŞI SOĞUKSA OKU...

Tebbet ve Rum Sureleri okunur önce, sonra da:

100 DEFA OKU:

"Bismillahirrahmanirr§ahim

Allahümme, ya müfettihal ebvab, ve ya müsebbibel esbab, ve ya mukallibel kulubi vel ebsar, ve ya delilel mütehayyirin, ve ya ğiyasel müsteğisin, ve ya müferricel mahzunin, tevekkeltü aleyke ya rabbi, kadaytü fevveztü faraztü emri ileyke, ya rezzaku, ya fettahu, ya bâsitu, ve sallallahu ala hayri halkihi Muhammedin ve alihi ve sahbihi ecmain. Amin."

"Allahümmec alil kur'ane lena fiddünya karinan ve fil kabri münisan

Ve fil kıyameti şefian. Ve minen nari sitran ve hicaben

Birahmetike ya erhamerrahimin

La ilahe illallahül mekikül kahhar. La ilahe illallahül melikül cebbar

ya Allah, hasbiyallah."

"Bismillahirrahmanirrahim eyne mâ tekûnû ye'ti bikumullâhu cemîan (hedeflenen kişinin adı ve annesinin adı söylenir) ala racihi le kadirun. Tevekkel yâ abdurrahmân ve yâ abdulvâhid ve yâ abdus samed bi celbi ve tehyîci (Erkek şahsın adı ve annesinin adı söylenir) bi mehabeti (kızın ve annesinin adı söylenir) bi hakki mâ ta'tekıdûnehü min hâzihis sûrete."

SEN EN GÖRKEMLİ
AŞK HİKAYELERİNE
AİTSİN VE LAYIKSIN,
KENDİNİ NİYET
VE DİLEKLERİNE
ADA. İNANÇ VE
İSTEK, AŞKTA
GÖRÜNMEYEN HER
ŞEYİN, MUHTEŞEM
KANITIDIR.

SENİ DAHA ÇOK İSTESİN...

100 defa oku:

"Ya alimü ya habirü ya hakimü ya mübinü ya hadi ya allamül ğuyub."

1000 defa YA MÜCİB de.

313 kez "ya men la ilahe illa hüve" de.

100 defa:

"İmraete nuhin vemraete lutin kânete tehte abdeyni min ibadine salihine." oku.

İLİŞKİDE GÜÇLENDİRME VE MUHABBET

"Ecîbû tevekkelû eyyühel vesvâsil hannâsi bi kalbi (Erkek şahsın adı ve annesinin adı söylenir) bil mehabeti vel meveddeti ve attıfû kalbihi alâ (kızın ve annesinin adı söylenir) bi

hakki hâzihis sûreti erîfeh." dedikten sonra:

"Bismillahirrahmanirrahim

Allahümmec'al li min emri haza feracen ve mahrecen inneke ala külli şey'in kadiyr. Allahümme rabbe ibrahiyme ve musa ve rabbe ishaka ve ya'kube ve ıysa ve rabbe cebraiyle ve mikaiyle ve israfiyle ve azraiyle ve münzilet tevrate vel'inciyle vezzebüre vel fürkanel azıymi erini fi menami ma tera li fiyhil hayre vel'aserat, tevekkel ya cibriylü ente ve a'vanüke bihakkıl aziyzil cebbaril keriymil vehhabil kahhari allahümme elkı mahabbeti (erkek ismi ve annesinin ismi) fi kalbi (kız ismi ve annesinin ismi) bihakkı maliki yevmiddiyni ve bihakkıl hayyil kayyümil vahıdil ehad ve tevekkel ya israfiylü ente ve a'vanike ve elki mahabbete (erkek ismi ve annesinin ismi) fi kalbi (kız ismi ve annesinin ismi) bihakkı iyyake na'büdü ve iyyake neste'ıynü ve bi hakkıl melikil muktediril mukaddimel müdi'ül müıydü tevekkel ya rûkyâîl ente ve a'vanike velkav mahabbete (erkek ismi ve annesinin ismi) fi kalbin (kız ismi ve annesinin ismi) allahümme inni eselüke bihakkı nebiyyike muhammedin sallallahü teala aleyhi ve selleme ve bihurmeti hazihis süretiş şerifeti en takdı haceti bilütfike ve bifazlike ya allahü ya allahü ya allah..." okunur.

ÇOK TESİRLİ AŞK VE MUHABBET DUASI

"Bismillâhirrahmânirrahîm.

Elhamdülillâhi rabbil âlemîn. Yâ Hayyü Yâ Kayyûmu ecib Yâ Rûkyâîl. Semîan mutîan ente ve huddâmeke Müzhib. Bi hakki Elhamdülillâhi rabbil âlemîn. Ve bi hakkil Hayyil Kayyûmi ve bi hakki seyyidinâ Muhammedin aleyhissalâtü vesselâm ve bi hürmetil melâiketil müvekkelîne bi kavâimil arşi Ebced, tevekelü ya hüddam bi celbi muhabbeti ve meveddeti ve şehevati (kız ismi ve annesinin ismi) bi hakkı ayettişşerife elvahen elvahen elvahen, elacele elacele elacele, essaate essaate essaate.

Errahmânirrahîm. Yâ Raûfu Yâ Atûfu ecib Yâ Cebrâîl aleyhisselâm. Semîan mutîan ente ve huddâmeke Ebyad. Bi hakkir Rahmânirrahîmi Ve bi hakkir Raûfil Atûfi ve bi hakki seyyidinâ Muhammedin aleyhissalâtü vesselâm ve bi hürmetil melâiketil müvekkelîne bi kavâimil arşi Hevzah, tevekelü ya hüddam bi celbi muhabbetti ve meveddeti ve şehevati filan binti filan bi hakkı ayettişşerife elvahen elvahen elvahen, elacele elacele elacele, essaate essaate essaate.

Mâliki yevmiddîn. Yâ mukallibel kulûbi vel ebsâri ecib Yâ Semsemâîl semîan mutîan ente ve huddâmeke Ahmer. Bi hakki Mâliki yevmiddîn. Ve bi hakki mukallibel kulûbi vel ebsâri ve bi hakki seyyidinâ Muhammedin aleyhissalâtü vesselâm ve bi hürmetil melâiketil müvekkelîne bi kavâimil arşi Taykel. .tevekkelü ya hüddam bi celbi muhabbetti ve meveddeti ve şehevati (kız ismi ve annesinin ismi) bi hakkı ayetişşerife elvahen elvahen elvahen, elacele elacele elacele, essaate essaate essaate.

İyyâke na'büdü ve iyyâke nesteîn. Yâ Serîu Yâ Karîbü ecib Yâ Mîkâîl semîan mutîan ente ve huddâmeke Bürkân. Bi hakki İyyâke na'büdü ve iyyâke nesteîn. Ve bi hakkis Serîil Karîbi ve bi hakki seyyidinâ Muhammedin aleyhissalâtü vesselâm ve bi hürmetil melâiketil müvekkelîne bi kavâimil arşi Mensa'. .tevekkelü ya hüddam bi celbi muhabbeti ve meveddeti ve (kız ismi ve annesinin ismi) bi hakkı ayettişşerife elvahen elvahen elvahen, elacele elacele elacele, essaate essaate essaate.

İhdinas sirâtal müstakîm. Yâ Kadiru Yâ Muktediru ecib Yâ Sarfeyâîl semîan mutîan ente ve huddâmeke Şemhûreş bi hakki İhdinas sirâtal müstakîm. Ve bi hakkil Kadiril Muktediri ve bi hakki seyyidinâ Muhammedin aleyhissalâtü vesselâm ve bi hürmetil melâiketil müvekkelîne bi kavâimil arşi faskar. .tevekkelü ya hüddam bi celbi muhabbetti ve meveddeti ve şehevati (kız ismi ve annesinin ismi) bi hakkı ayettişşerife elvahen elvahen elvahen, elacele elacele elacele, essaate essaate essaate.

Sirâtallezîne enamte aleyhim. Yâ Alîmü Yâ Hakîmü. Ecib Yâ Anyâîl semîan mutîan ente ve huddâmeke Zevbeah. Bi hakki Sirâtallezîne enamte aleyhim. Ve bi hakki Alîmil Hakîmi ve bi hakki seyyidinâ Muhammedin aleyhissalâtü vesselâm ve bi hürmetil melâiketil müvekkelîne bi kavâimil arşi Şetsah. .tevekkelü ya hüddam bi celbi muhabbetti ve meveddeti ve şehevati (kız ismi ve annesinin ismi) bi hakkı ayettişşerife elvahen elvahen elvahen, elacele elacele elacele, essaate essaate essaate.

Ğayril mağdûbi aleyhim veladdâllîn. Yâ Kâhiru Yâ Azîzü ecib Yâ Kesfeyâîl. semîan mutîan ente ve huddâmeke Meymûn. Bi hakki Ğayril mağdûbi aleyhim veladdâllîn. Ve bi hakkil Kâhiril Azîzi ve bi hakki seyyidinâ Muhammedin aleyhissalâtü vesselâm ve bi hürmetil melâiketil müvekkelîne bi kavâimil arşi Zadzağ. .tevekkelü ya hüddam bi celbi muhabbeti ve meveddeti ve şehevati (kız ismi ve annesinin ismi) bi hakkı ayettişşerife elvahen elvahen elvahen, elacele elacele elacele, essaate essaate essaate.

Aksemtü aleyküm Yâ Melâiketir rûhâniyeti minel ulviyyâti ves süfliyyâti ve Yâ huddâme fâtihatil kitâbi ecîbûnî ve ümiddûnî ve a'iynûnî fî cemîı ümûrî elvâhan elvâhan elacele elacele essâate essâate bi hakkis seb'ıl mesânî vel kurânil azîm. Ve bi hakkil esrâri vel berekâti fîhâ bi hakki mâ ta'tekıdûnehü minel azameti vel bürhâni ve bi hürmeti seyyidinâ Muhammedin aleyhissalâtü vesselâm. Allâhümme sehhirlî abdikel refrefil Uhaydar inneke alâ külli şeyin kadîr. Bi rahmetike yâ erhamer râhimîn."

SANA
DÜNYA'DAKİ
TEK İNSAN,
SENMİŞSİN
GİBİ
DAVRANAN
KİŞİYİ BUL...

ELMALI DUA

Kırmızı elma al.

İçindeki çekirdekleri tavada yak...

Bu esnada "Yâ kaviyyü yâ metînü yâ alîmü yâ hakîm" denecek...

Kürdanla elmanın bir yarısına onun, diğerine senin isimleriniz yazılacak.

İki parçayı da ye.

"Ya vedud ya zel arşil kerim ya beduh ya zel arşil azim ya rauf ya zel arşil mecid ya cebbar ya settar ya mukiyt ya muğis ya hannan ya mennan ve elkaytu aleyke (Erkek şahsın adı ve annesinin adı söylenir) ale mehebbete (kızın ve annesinin adı söylenir) minni ve li tusni ala ayni es saate el vahen el acel." Bu duayı oku ve aşka niyet et.

İLİŞKİDE SORUNLARI GİDERME VE MUHABBET

"Men yeşfa' şefaaten haseneten ye'kül lehü nesiybün minha ve kanellahü ala külli şey in mukite. Ve iz huyyiytüm bi tehiyyetin fe hayyü bi ahsene minha ev rudduha innallahe kane ala külli şey in hasiba Allahü la ilahe illa hüve la yecmeannekûm ila yevmil kıyameti la reybe fiyh ve men ahsenu minnallahi hadisa.

İnnâ halaknel insâne min nutfetin emşâcin nebtelihi kezalike nebtelihi kezalike nebtelihi kezalike nebtelihi emşâcin keza ile ila mehabbati keza elacele elacele essaate essate elvehan elvehan barekellahü fiküm ve aleyküm. Vecealna min beyni eydiyhim sedden vemin halfihim sedden fe ağşeynahüm fehüm la yübsırun. Ya kadim, ya daim, ya kadim, ya daim, ya kârrar, ya ehad, ya Muhammed. Kul huvallahü ehad, lem yelid velem yuled ve lem yekün lehu küfuven ehad. Ve sallallahu ala seyyidina Muhammedin ve alihi ecmain." duasını oku...

Ardından da Bakara Suresi okunacak.

HEP AKLINDA OL...

7 DEFA OKU:

"YA KADİRU YA ALLAH YA KADİMU YA ALLAH YA RAHMANU YA ALLAH YA RAHİYMU YA ALLAH YA KERİYMU YA ALLAH."

1: niyet edilecek

2: hacet namazı kılınacak 2 rekat

3: bakara suresi 186. ayet okunacak 7 kere

4: bakara suresi 271. ayet okunacak 7 kere

5: ayetel kürsi okunacak 7 kere

6: KEVSER, KARİA, KUREYŞ sureleri 1 kere okunacak

7: sadaka verilecek

MURADINI
SIR TUTAN,
MURADINA
HIZLI ULAŞIR...
AŞK
NİYETLERİNİ
ALLAH'A AÇ
SADECE...

RÜYANDA ONDAN MESAJ AL

Bir bulut resmine bu duayı oku.

"Allahümme ya ğaniyyü ya hamiydü ya mübdiü ya müıydü ya fe'alün li ma yüriydü ya rahiymü ya vedüdü ekfini bi halalike an haramike ve bi taatike an ma'sıyyetike ve bi fadlıke ammen sivak."

100 defa "YA AHİR YA ZAHİR YA HAYY" de.

Resmi yastığının altına koy, ona niyet edip uyu.

Mesajcı rüyayı takip et…

AŞIK ETME DUASI

Özgür iradeye saygıyla, Allah'ın izni ile...

Bismillahirrahmanirrahim. İza zülziletil ardu zilzaleha. Ve ahrecetil ardu eskaleha. Ve kalel insanü ma leha. Yevmeizin tühaddisü ahbaraha. Bi enne rabbeke evha leha. Yevmeizin yasdürünnasü eştata eştata eştata. Aksemtü aleyküm ya sükkâne hâzel mekâni insarifû hattâ akdi haceti.

Bismillâhirrahmânirrahîm. Allahumme Salli Ala Seyyidina Muhammedin Ve Ala Ali Seyyidina Muhammed. Allahumme Salli Ala Seyyidina Muhammedin Ve Ala Ali Seyyidina Muhammed. Allahumme Salli Ala Seyyidina Muhammedin Ve Ala Ali Seyyidina Muhammed. Kalbe ve bedene ve cemia cevariha **"sevdiğin kişinin ismi".** Allahümme sehhirli kalbe **"sevdiğin kişinin ismi"** bi hürmeti Muhammedin ve hazihil ayetiş şerifeti. Allahümme ihrik ve sehhirli kalbe **"sevdiğin kişinin ismi"** ala mehabbete **"senin ismin".** Tevekkelü Ya huddame hazihil ayetiş şerifeti ve ahriku kalbe **"sevdiğin kişinin ismi"** bi muhabbeti **"senin ismin"** bi hakki hazihil ayetiş şerifeti. Sehhirli **"sevdiğin kişinin ismi"** bi hakki ayetiş şerifeti.

Bismillâhirrahmânirrahîm. Ve izâ lekûllezîne âmenû kâlû âmennâ ve izâ halâ ba'duhüm ilâ ba'dın kâlû etühaddisûnehüm bimâ fetehallâhü aleyküm liyühâccûküm bihi ınde rabbiküm efelâ ta'kılûn. Ve kânû min kablü yesteftihûne alellezîne keferû. Ellezîne yeterabbesûne biküm fein kâne leküm fethun minallâh. Feasallâhü en ye'tiye bil fethı ev emrin min ındihi. Felemmâ nesû mâ zükkirû bihi fetehnâ aleyhim ebvâbe külli şeyin. Ve ındehü mefâtihul ğaybi lâ ya'lemühâ illâ hüve ve ya'lemü mâ fîl berri vel bahr. Vestekberû anhâ lâ tüfettehu lehüm ebvâbes semâ'. Alallâhi tevekkelnâ rabbenafteh beynenâ ve beyne kavmenâ bil hakki ve ente hayrul fâtihîn. Ve lev enne ehlel kurâ âmenû vettekav lefetehnâ aleyhim berakâtin mines semâi vel ard. İn testeftihû fekad câekümül fethu ve in tentehû fehüve hayrun leküm. Velemmâ fetehû metâahüm vecedû bidâatünâ ruddet ileyhim. Vesteftehû ve hâbe küllü cebbârin anîd. Ve lev fetehnâ aleyhim bâben minessemâi fezallû fihi ya'ricûn. Hattâ izâ fetehnâ aleyhim bâben zâ azâbin şedîdin izâ hüm fîhi müblisûn. Ev mâ melektüm mefâtihahü ev sadîkıküm. Fefteh beynî ve beynehüm fethan ve neccinî ve men meıye minel mü'minîn. Mâ inne mefâtihahü letenûü bil usbeti ûlîl kuvveh: ve yekûlûne metâ hâzâl fethu in küntüm sâdikîn. Kul yevmel fethı lâ yenfeullezîne keferû îmânühüm ve lâ hüm yunzarûn. Kul yecmeu beynenâ rabbünâ sümme yeftehu beynenâ bil hakki ve hüvel fettâhul alîm. Mâ yeftehıllâhü lin nâsi min rahmetin felâ mümsike lehâ ve mâ yümsike felâ mürsile lehü min ba'dihi ve hüvel azîzül hakîm. Cennâti adnin müfettehaten lehümül ebvâb. Ve sîkallezîne keferû ilâ cehenneme zümeran hattâ izâ câûhâ fütihat ebvâbühâ. Ve sîkallezînet tekav rabbehüm ilel cenneti zümeran hattâ izâ câûhâ ve fütihat ebvâbüha ve kâle lehüm hazenetühâ selâmün aleyküm tibtüm fedhulû hâ hâlidîn.

Bismillâhirrahmânirrahîm. İnnâ fetehnâ leke fethan mübînâ. Li yağfira lekellâhü mâ tekaddeme min zenbike ve mâ teahhara ve yütimme ni'metehü aleyke ve yehdiyeke sırâtan müstekîmâ. Ve yensurakallâhü nasran azîzâ ve esâbehüm fethan karîbâ. Fe ceale min dûni zâlike fethan karîbâ. Fefetahnâ ebvâbes semâi bi mâin münhemir. Ve lillâhi mîrâsüs semâvâti vel ardı lâ yestevî minküm men enfeka min kablil feth. Nasrun minallâhi ve fethun karîbün ve beşşiril mü'minîn. Ve fütihatis semâü fekânet ebvâbâ.

Bismillâhirrahmânirrahîm. İzâ câe nasrullâhi vel feth. Ve ra eytan nâse yedhulûne fî dînillâhi efvâcâ. Fe sebbih bi hamdi rabbike vestağfirhü innehü kâne tevvâbâ. Allâhümme innî es'elüke bismike yâ Hayyü yâ Kayyûmü yâ Zel celâli vel ikrâm. Yâ Allâhü yâ Rahmânü yâ Rahîmü yâ ilâhünâ ve ilâhi külli şeyin ilâhen vâhiden lâ ilâhe illâ ente. Ve es'elüke bismikel ma'rûfil mukaddesil meymûnetil mübâraketi en tağfirali zünûbî ve takdî hâcetî ve tensuranî ala a'dâî ve teftehu lî ebvâbe hayrâtike ve in tecal lî min külli hemmin Ferhan ve min külli dîkın mahracan ve min külli usrin yüsran ve ilâ külli hayrin sebîlen yâRabbel âlemin ve sallalâhü alâ seyyidinâ muhammedin ve âlihi ve sahbihi ecmeîne bi rahmetike yâ erhamer râhimîne bi hürmeti seyyidil mürselîne vel hamdü lillâhi rabbil âlemîn. Allahumme Salli Ala Seyyidina Muhammedin Ve Ala Ali Seyyidina Muhammed. Allahumme Salli Ala Seyyidina Muhammedin Ve Ala Ali Seyyidina Muhammed. Allahumme Salli Ala Seyyidina Muhammedin Ve Ala Ali Seyyidina Muhammed.

Kalbe ve bedene ve cemia cevariha **"sevdiğin kişinin ismi"**. Allahümme sehhirli kalbe **"sevdiğin kişinin ismi"** bi hürmeti Muhammedin ve hazihil ayetiş şerifeti. Allahümme ihrik ve sehhirli kalbe **sevdiğin kişinin ismi"** "ala mehabbete **"senin ismin"**. Tevekkelü Ya huddame hazihil ayetiş şerifeti ve ahriku kalbe **"sevdiğin kişinin ismi"**bi muhabbeti **"senin ismin"** bi hakki hazihil ayetiş şerifeti. Sehhirli **sevdiğin kişinin ismi"** "bi hakki ayetiş şerifeti. Amin. Ecîbû eyyühes sâkinûne fi hâzel mekâni bârakellâhü fîküm ve aleyküm.

SANA GELSİN...

"Bismillahirrahmanirrahim

Bismillahi ve billahi ve bismihi müstedrarül ahireti vel ula la ğayete ve la mürade lehü mafissemavatil ula errahmanü alel arşisteva* Allahu azimün daimün maniul Kahri, daimul rahmeti atiyün birrizkı ma'rufun bilutfihi adilün fi hükmihi alimün fi halkihi* Errahmani,alimül ulemai Kadirun ala ma yeşaü* Sübhanelmelikil hamidi zil arşilmecidi fa'alün lima yüridü rabbül erbabı müsebbibül esbabi ve razikularzak ve halikul ahlaki mukaddirul makduri ve kahirül makhuri zillun yevmel haşri ve nuşuri ilahil aliheti yevmel vakiati rahimün halimün ğafurun şekürun* Velhamdü Lillahissemavati ve hüvessemiul alimü kabilüttevbi şekurun halimün El evvelü el ahırüzzahirulbatinüd daimü razikul vehhabu Sahibül ataya yağfiru ve ya'fu anil haifine Sübhaneke ya la ilahe illa entel melikirrahimi* Halikil arşil azimi vel mabudü, kesir al ataya şekurün halimün Leyse kemislihi şey'ün ve hüvessemiul alimu* Ve ente ala külli şey'in şehidün Ya şehidu ente ta'lemu srri ve alaniyeti ve ma tuhfil Kulubi ente kulte ve ente asdakul kailine. Uduni estecib leküm la taknetu min rahmetillahi Allahümmehfazni min afatil leyli vennehari, Allahu ekber Allahu ekber Allahu ekber Kabiren La ilahe illallahü rahmanen rahimen La ilahe illallahü habben* La ilahe illallahu hakkan* La ilahe illallahü Muhammedün Resulullah nefsi ve fuadi ve beşeri ve dini ve dünyaya ve ahli ve mali ve zürriyyeti min şerri külli zi şerrin yü'zini einni zinnefsi min cemii ma rezakani rabbi minni, minellahi, bi ihsanihi ve ehibbai ve ihvani minel mü'minine vel müminati billahil aliyyil azimi ve Tekabber kitabin enkallehullahu azze ve celle ve nekale resule sallallahu aze vecelle evtekabbel burhanü azherehullahü azze ve celle bih lailahe illallahü ve izzetillahi ve azemetillahi ve sultanillahi ve siatillahi ve hükmillahi ve ahvalillahi ve ihsanillahi ve Kudretillahi ve enbiyaillahi ve melaiketillah ve kütibihillahi ve resulillahi ve euzubillahi min ğazabillahi ve ikabillahi ve sehatillahi ve nekalillahi ve min kitabillahi kad sebeka ve min zevalin ni'meti ve mucibatin heleketi vel fadihati fiddünya, vel ahireti ve euzubillahi, izimi minel ehli vel mali velveledi ve inde muayenti melekil mevti aleyhisselamu ve euzubillahil azim min şerri külli zi şerrin ve min şerri ma ehafü ve ahzerü ve min şerri fesekatil arabi vel acemi ve min şerril cinni vel insi veşşeytani ve min şerri iblise ve cunudihi ve min şerrisselatini ve etbaihim ve min ma yenzilu minessemai ve ma ya'rucu fiha ve min şerri ma yelicü fil'leyli vennehari vema yahluku fiha ve min şerri külli dabbetin ente ahizün binasiyetiha inne rabbi ala sıratin müstakim* Allahümme inni ahtecebtü bike min şerri külli şeyin halektehu ve ahteris bike min külli ve euzubillahil aliyyil azimi minel ğaraki vel hedmi vel fedmi velhicareti vezzeelişi vessayhati, velfitneti bissevaki ve vel cününi ve cemii envail belai fiddünya vel ahıreti ve euzu billahil azimi minhül melaiketil mukarrebune velen nebiyyu vel mürselin vennebiyyu Muhammedun abdüke ve resuluke ve nebiyyüke ve es'elüke hayre Kulillahu lailahe illallahü vahdehu la şerike lehu ilahen vahiden ehaden sameden ferden vitren lem yettehiz sahibeten vela veleden* Allahümme inni es'elüke biesmaikellezi La ilahe illa hüver rahmanirrahim lehu mülküssemavati vel ardi ve hüve ala külli şeyin kadir* Ve haşeat lehul esvati ve vellet lehul kulubu ya abidi* Min külli kürbetin veya sahibi fi külli şiddetin* Veya ilahi ve ilahe abai ibrahime ve ismaile ve ishaka ve yakube vel esbata ve Musa ve harune ya şahide külle şey'in, Allahümmestecib bismi kel azimi* Ve bi hürmeti ibadikes salihine Ya erhamerrahimine* Ve sallallahü ala seyyidina Muhammedin ve ala alihittayyibinettahirine* Bi rahmetike ya erhamerrahimin* Vel hamdülillahi rabbil alemin. AMİN.

KADERİN
KARŞILAŞTIRDIĞI
BU RUHLA,
SENİN
ÖNCEDEN
YAPILMIŞ
BİR İLAHİ
ANLAŞMAN
VAR...

EŞİNLE ARANI DÜZELT...

21 defa oku...

"Ve ellefe beyne kulûbihim, lev enfakte mâ fîl ardı cemîan mâ ellefte beyne kulûbihim ve lâkinnallâhe ellefe beynehum, innehu azîzun hakîm."

Bu dua mavi bir kumaşa okunur, kumaşı yatak odanda sakla...

ENAM/53

"BAZINIZI BAZINIZLA,
İMTİHAN EDECEĞİZ."
SANA GELEN AŞK,
BİR İMTİHANDIR.
VE İMTİHANI
YOLLAYAN
BELLİDİR...

SENİ ARASIN, MESAJ ATSIN...

Kenzül arş duası, İsmi Azam duası, Karia ve Taha Surelerini oku.

Bu dua ile devam et:

"Vadrib lehüm meselen ashâbel karyeti iz câehel murselûn. İz erselnâ ileyhimüsneyni fekezzebûhümâ feazzeznâ bi sâlisin fekâlû innâ ileyküm murselûn. Kâlû mâ entüm illâ beşerun mislünâ ve mâ enzeler rahmânü min şeyin in entüm illâ tekzibûn. Kâlû rabbünâ ya'lemü innâ ileyküm lemurselûn. Vemâ aleynâ illel belâğul mübîn. Errahmânirrahîm. Yâ Rahmânü Yâ rahîmü Yâ Raûfu Yâ Atûfu Yâ Cebbâru Yâ Cevvâhü Yâ Câılü ecib Yâ Cebrâîl ente ve huddâmeke miner rûhâniyyetivel ardiyyeti ve ente yâ mürreh sâmian mutîan bi hakkir rahmânirrahîmi ve bi hakkir Raûfil Atûfi ve bi hakki melikil ğâlibü aleyküm emruhu hevzah ve bi hakki Mehtahtîl ve kadimnâ ilâ mâ amilû min amelin fecealnâhü hebâen mensûrâ. Ve aksemtü aleyküm Yâ behğakacâîl "sahhirlî kulûbi cemîa benî âdeme ve benâti Havvâ" bi hakki ve bi hürmeti seyyidike yedğudatayûşin. En tücîbenâ bis sem'i vettâate ve tahdarû."

ONUN KALBİNİ KAZAN...

21 Besmele çek: "Liyünzira men kâne hayyen ve yehıkkal kavlü alel kâfirîn.

Evelem yerav ennâ halaknâ lehüm mimmâ amilet eydina enâmen fehüm lehâ mâlikûn. Ve zellelnâhâ lehüm feminhâ rakûbühüm ve minhâ ye'külûn. Ve lehüm fîhâ menâfiu ve meşâribü efelâ yeşkürûn. Vettehazû min dûnillâhi âliheten leallehüm yünsarûn. Lâ yestetîûne nasrahüm ve hüm lehüm cündün muhdarûn. Felâ yahzünke kavlühüm innâ na'lemü mâ yüsirrûn. Evelem yeral insânü ennâ halaknâhü min nutfetin fe izâ hüve hasîmün mübîn. Ğayril mağdûbi aleyhim veladdâllîn.

Yâ kâdiru ya azîzü yâ mü'minu yâ müheyminu yâ zâhiru yâ kebîru ecib yâ Kesfeyâîl ente ve huddâmeke miner rûhâniyyeti vel ardiyyeti ve ente yâ meymûn sâmian mutîan bi hakki ğayril mağdûbi aleyhim veladdâllîn âmîn. Ve bi hakkil azîzil kebîril müteâli ve bi hakkil melikil ğâlibü aleyküm emruhu zedzağ ve bi hakki lahhattîl limukfencil fevekaal hakku ve batale mâ kânû ya'melûn. Ve aksemtü aleyküm yâ yezağ yâ hakhâîl "sehhirlî kulûbe cemîa benî âdeme ve benâti Havvâ" bi hakki ve bi hürmeti seyyidike yeza'sendeyûşin.

Bismillâhirrahmânirrahîm. yedullâhi fevka yedeyye ve lillâhil emru min kablü ve min ba'dü allâhümme innes semâe semâüke vel ardu arduke ves sehlü sehlüke vel berru berruke vel bahru bahruke vel ıbâdü ıbâdüke lâ ilâhe illâ ente sübhâneke eselüke allâhümme bi nûri celâlike ve azîmi sultânike en tec'alel büldâne vel müdüne vel kurâ dayyikati alâ hattâ yercia ilâ zevcetihi (kadın ve annesinin adı söylenir) allâhümmecal aleyhid dünyâ edıkı min halkıhil hâtemi alel esbeı ve nüfiha fis sûri fecema'nâhüm ceman allâhümme hayyır (erkek ve annesinin adı söylenir) hattâ yercia ilâ zevcetihi (kadın ve annesinin adı söylenir) kemâ hayyıral cemelü fî aklihi vet tayru fî vikrihi vel veledi alâ mehabeti ümmihi hattâ yercia ilâ beytihâ ve mekânihellezî harace ve nüfiha fis sûri fe izâhüm minel ecdâsi ilâ rabbihim yensilûn. Kâlû yâ veylenâ men beesenâ min mer kadinâ hâzâ mâ ve ader rahmânü ve sadakal mürselûn. İn kânet illâ sayhaten vâhideten feizâhüm cemîun ledeynâ muhdarûn. Velâ tahvîhi ardun velâ tahvîhi dârun velâ mekânün hattâ yercia ilâ zevcetihi (kadın ve annesinin adı söylenir) ve ilâ mekânihâ allâhümme kemâ radedte yûsüfe alâ ya'kûbe ve kemâ radedte mûsâ ilâ ümmihi allâhümme yâ câmiaş şetâti yâ câmian nâsi li yevmin lâ raybe fîhi rüd (erkek ve annesinin adı söylenir) alâ (kadın ve annesinin adı söylenir) ve ilâ mekânihellezî haraca minhü vecma' şemlehâ bi şemlihi inneke alâ külli şeyin kadîr." duasını oku…

3 CUMA GÜNÜ OKU, ONU YOĞUNLAŞTIR...

"Bismillahirrahmanirrahim

Ya baisu entellezi teb asü sırri hayatike ilel kulübi vessudüri ve entellezi evcedte ruha nefhatike liintizamil ümüri ve entellezi sahhahte zamaire esrari ehlil keşfi birruhı ve beaste rüsülike ve enbiyaike biızhari sırril kadri ve keşfi belaike es elüke allahümme bibastı vilayetike fi kulübi evliyaike ve bisırri nübüvvetike fi sudüri enbiyaike en tecaleni menüten ila emri baliğan ala mebleğıl bülüğı fi zikri faniyen bivezaifi hamdi ve şükri ayıben ileyke fi sırri ve cehri ahızen ılmi ve ameli ve eyyedeni bikudretike fi icaretil kemali ve enaletid derecati inneke entallahür raüfü bil ibadi ve müıydü ecsamehüm ila daril meadi."

7 ÇÖREK OTU

İkinizin resminin üzerine 7 çörek otu koy ve oku: (Çörekotları sonra toprağa gömülecek.)

"Bismillâhirrahmânirrahîm. Yâ sîn. Vel kurânil hakîm. İnneke leminel murselîn. Alâ sırâtin mustekîm. Tenzîlel azîzir rahîm. Litünzira kavmen mâ ünzira âbâühüm fehüm ğâfilûn. Lekad hakkal kavlü alâ ekserihim fehüm lâ yü'minûn. İnnâ cealnâ fî a'nâkıhim ağlâlen fehiye ilel ezkâni fehüm mukmehûn. Ve cealnâ min beyni eydîhim sedden ve min halfihim sedden feağşeynâhüm fehüm lâ yübsırûn. Ve sevâün aleyhim e enzertehüm em lem tünzirhüm lâ yü'minûn. İnnemâ tünziru menittebeaz zikra ve haşiyer rahmâne bil ğaybi febeşşirhü bi mağfiratin ve ecrin kerîm. İnnâ nahnü nuhyil mevtâ ve nektübü mâ kaddemû ve âsârahüm ve külle şeyin ahsaynâhü fî imâmin mübîn. Ve aksemtü aleyküm bi havlillâhi ve kuvvetihi azemtü aleyküm yâ ma'şeral ervâhır rûhâniyyeti bi ızzi ızzillâhi ve bi nûri vechillâhi ve bi hakki esmâillâhi ve bi hakki bismillâhir rahmânirrahîmi Elhamdü lillâhi rabbil âlemîne yâ hayyü yâ kayyûmü yâ şâfî yâ kâfî yâ hâdî yâ latîfü yâ bâkî ecib yâ rukyâîl ente ve huddâmeke miner rûhâniyyeti vel ardiyyeti ve ente yâ müğzhibü sâmian mutîan bi hakki Elhamdü lillâhi rab- bil âlemîne ve bi hakki yâ hayyi yâ kayyûmi ve bi hakkil melikil ğâlibü aleyküm emruhu ebced ve bi hakki littahtîl Ve kul câel hakku ve zehekal bâtılü innel bâtile kâne zehûkâ. Ve aksemtü aleyküm yâ ketı'rasbâîl "sehhirlî kulûbi cemîa benî âdeme ve benâti Havvâ" bi hakki ve bi hürmeti seyyidike kahtafheyûşin.

Allâhümme sehhirlî kalbi (erkek ve annesinin adı söylenir) alâ mehabbetî (kadın ve annesinin adı söylenir) bi hakki ve bi hürmeti sûreî yâsîn bi hakki ve bi hürmeti seyyidike kahtafheyîşin."

SENİNLE AYNI DÜZEY VE FREKANSTA OLMAYAN RUH, ELBETTE SENDEN UZAKLAŞIR. SADECE BENZER ENERJİLER BİRBİRİNE ÇEKİLİR. DEĞERSİZLİK HİSSİ TAŞIYAN, YANLIŞ VEYA YORAN BİR İLİŞKİYİ ÇEKEBİLİR.

İLİŞKİYİ DÜZELTME

"Allahümme ya müfettihal ebvab ve ya müsebbibel esbab, ve ya mukallibel kulubi vel ebsar, ve ya delilel mütehayyirin, ve ya ğiyasel müsteğisin, ve ya müferricel mahzunin, tevekkeltü aleyke ya rabbi, kadaytü fevveztü faraztü emri ileyke, ya rezzaku, ya fettahu, ya basitu, ve sallallahu ala hayri halkihi Muhammedin ve alihi ve sahbihi ecmain. Amin." okunduktan sonra onun resmine:

3003 kere YA MUKADDİM okunur.

AŞKA ÖZEL OKUMA ZİNCİRİ

1000 YA CEBBAR

786 Besmele

70 Defa Yasin Suresi son iki ayeti

1 Vakıa Suresi

21 Kevser Suresi

1000 Ya Rauf

Ali İmran Suresi

818 kez "selamun kavlen min rabbin rahim" okunur ve son olarak bu dua ile devam edilir:

"Bismillâhirrahmânirrahîm. Elem neşrah leke sadrek. Yâ Muhammed. Ve veda'nâ anke vizrak. Yâ Cibrîl kezâlike yedaullâhü muhabbete (kadın ve annesinin adı söylenir) fî kalbe (erkek ve annesinin adı söylenir) Yâ Muhammed. Ve rafa'na leke zikrak. Yâ Cibrîl kezâlike yerfe ullâhe mehabbete (kadın ve annesinin adı söylenir) fî kalbe (erkek ve annesinin adı söylenir). Fe inne meal usri yüsrâ.

Yâ Muhammed. İnne meal usri yusrâ. Yâ Cibrîl kezâlike yesserallâhü muhabbete (kadın ve annesinin adı söylenir) fî kalbe (erkek ve annesinin adı söylenir). Fe izâ ferağte fensab. Yâ Muhammed. Ve ilâ rabbike ferğab. Yâ Cibrîl kezâlike yerğabü mehabbete (kadın ve annesinin adı söylenir) fî kalbe (erkek ve annesinin adı söylenir) bi hakki hâzihil esmâi en tüellefe beyne kezâ ve kezâ."

AŞK MEKTUBU

Beyaz zarf alınır.

Zarfa:

YA VEDUD

YA BEDUH

YA CAMİ

YA FETTAH

YA HADİ 100 defa okunur.

Beyaz bir kağıda aşk ile ilgili tüm niyet ve beklentilerini yaz…

Kağıdın üzerine "BİSMİLLAHİRRAHMANİRRAHİM. VAADALLAHUS SABİRİNE NASRAN. VE KADDERE LİMEN YETEVEKKELE ALEYHİ ECREN VE ŞERAHA LİMEN YUFEVVİZU İLEYHİ SADREN. FE İNNA MEA'L USRİ YUSRA. İNNE MEA'L USRİ YUSRA. İNNE KİTABEL EBRARİ LEFİ ILLİYYİN. VEMA EDRAKE MA ILLİYYUN. KİTABUN MERKUM. YEŞHEDUHUL MUKARREBUN." DUASINI OKU.

Kağıdı, zarfın içine koy. Zarfı kapat.

Nur Suresi 35. Ayeti 100 defa oku. Zarfı odanda sakla…

ONUNLA BAĞ KUR

ŞEMS, YASİN, ŞAHMERAN, KENZÜL ARŞ oku.

Niyet et ve hazırlan…

Bir bardak suya Kevser Suresi oku ve iç…

256 YA NUR

351 YA RAFİ oku, ona odaklan…

"EL BEDİ" MUCİZESİ

Sevdiğin kişi ile ilgili niyete gir.

70.000 kere EL Bedi esmasını 3 hafta içinde oku ve bitir.

"Şimdi ve tüm zamanlara doğru, bu esmanın gizemiyle bana verilecek tüm bilgeliği, mucizeleri, gizemleri, sonuçları, gücü almaya ve bunları benim, bütünün, herkesin, her şeyin hayrına kullanmaya söz veriyorum ve niyet ediyorum. İlişkimde bu esmanın sırlarını mühürledim." de...

KENDİNİ
İYİLEŞTİRMEYE,
SENDE YARA
AÇANLARI
SİLEREK BAŞLA...
HER BİTİŞ, YENİ
BİR KAPIYI
AÇMAKTIR.

3360 "YA MUSAVVİR" MUCİZESİ

BU ESMANIN GÜCÜNÜN, SANA İLİŞKİNDE YAŞATMASINI DİLEDİĞİN MUCİZELERİ, ŞİMDİ BOŞ BIRAKILAN YERLERE YAZ.

1. ……..
2. ……..
3. ……..
4. ……..
5. ……..
6. ……..
7. ……..
8. ……..

Bu yazmış olduğun niyetlerinin üzerine, şimdi ebced değeri 336 olan YA MUSAVVİR esmasını 10 katı etki için 3360 kere oku. Allah'tan gelecek sonuçları bekle…

HAYIRLI AŞKA KAPIYI AÇMAK

"Niyet ettim bu gece ve devam eden 21 gecede geçmişten gelen tüm olumsuz aşka dair enerji mirasını hayırlısı ile yaşamımdan arındırmaya" diyerek başlanacak. Aşağıdaki kuvvetli uygulama 21 gece ve günde dönüşüm sağlayacak. Takip eden takribi üç aylık süreç içinde, yaşamındaki kökten aşka dair yansımaları fark edeceksin...

Gece:

21 Besmele çekip 21 Salavat okunacak; bu bir giriş aşaması olacak.

Ardından: Kureyş, Rahman, Fil, Kevser Sureleri konuya niyet edilip birer kez okunacak.

Ardından HACET NAMAZI kılınacak.

7 adet KAFİRUN SURESİ okunacak.

Bakara Suresi ilk 5 ayet okunacak ve tamamlarken Kehf Suresi ilk 10 ayet okunacak.

"Allah'ım iyi niyetli aşk ve hayırlı eş için girdiğim bu yolda bırakabilmeyi ve doğru duygulara açılmayı en doğru şekilde nasip et" diyerek mühürleme yapılacak.

AŞKTA KISMETİNİ ARDINA KADAR AÇ...

"Yaşamımda bilerek, bilmeden ettiğim tüm olumsuz tüm aşka dair eski karma yeminlerimi bozuyorum. Gelişimime, aşk niyetlerime ve aşk dileklerime blokaj koyan her şeyi en say enerjimle artık bırakıyorum. Geçmiş yaşandı ve bitti. Tüm eski sözlü anlaşmalar ve buralardan kaynaklı enerji geçişleri bitti. Düğümleri açtım, kilitleri açtım ve özgür kıldım. İrademe ne hükmediyorsa artık bırakıyorum. Aşkta bana iyi gelmeyen hiçbir şey artık bana gelemez. Olumsuz geçmiş tüm ilişki bağlarımı kestim. Hayırlı aşk için, en doğru şekilde merkezleniyor ve ilerliyorum."

Bu cümleleri tekrar et, 21 kere yükses sesle.

Ardından:

TİN

NUR

TAHA

BAKARA

KUREYŞ

Kafirun, Nisa, Nur, Bakara, Ali İmran Surelerini oku.

HAYIRLI EŞ BULMA

"Hayırlısı neyse o olsun" şeklinde niyet edilip, yola çıkılır...

2 rekât HACET namazı kıldıktan sonra tevbe edilir ve TEVBE SURESİ okunur.

21 kere Peygamber adına Salavat getirilir.

100 kere YA ALLAH YA HAYY YA KAYYUM zikri yapılır.

Kevser, Karia, Meryem Sureleri okunur...

21 gün devam edilir...

UZUN SÜREN YALNIZLIĞI BİTİRME

Derin bir kaba 7 bardak kaya tuzu boşaltılır.

Üzerine 7 gevşek düğüm atılmış kalın bir ip koyulur.

İp tuza bastırılıp niyet edilir YENİ İLİŞKİ VE KISMET AÇMAK için...

7 adet üzerine Ayet'el Kürsi, Kafirun, Kevser okunmuş su boşaltılır.

1 gece bekler...

İpteki düğümler açılır ve ip evden uzak bir yere bırakılır.

Ayaklarını suya koyup 1140 KERE EL CAMİ dersin ve sonra suyu toprağa dökersin.

SENİ HİÇ
MÜKEMMEL
OLMASAN DA
MÜKEMMEL
GÖREN
KALPTE OL...

AŞK YOLUNU AÇMAK...

BURÇ SURESİ

ANKEBUT SURESİ

BAKARA SURESİ

KALEM SURESİ

NİSA SURESİ

TAHA SURESİ

KEVSER SURESİ

Mavi bir kağıt üzerine okunur.

Kağıt üzerine anne isminle birlikte kendi adını yazarsın (Elif kızı Ayşe gibi)

Mavi kağdı 21 gün üzerinde taşı ve sonra yakıp külleri toprağa gömersin.

HER İLİŞKİSİ YARIM KALAN OKUR

99 kere YA ALLAH zikri yaptıktan sonra YA FETTAH, YA AZİM, YA ALİYY, YA KADİR, YA HALİM, YA HABİR, YA MELİK esmalarını 1001 defa söyle ve kısmet açma niyetine gir... ENBİYA VE ENAM SURELERİNİ birer kez oku, ardından 100 kere BESMELE çek ve BURUÇ SURESİNİ oku. Son olarak 4 büyük meleğin adını söyle ve mühürle: MİKAİL-CEBRAİL-İSRAFİL-AZRAİL.

ARADIĞI AŞKI BİR TÜRLÜ BULAMAYANIN DUASI...

21 gün boyunca her gün 21 defa TAHA SURESİNİ okuyarak kısmetinin açılmasına ilk önce sen yardım et. Bu 21 gün içinde bu okuma ile kendinde büyük değişimler ve yansımalar göreceksin.

FURKAN SURESİNİN 74. Ayetini yine 21 gün boyunca her gün 100 defa oku. Derinlikle ve farkındalıkla konulara bakıp, sabırla ve daha bilinçli sonuç beklemeni sağlar bu okuma...

2222 kere YA HABİR, YA VEDUD, YA FETTAH isimlerini her gün oku. İmanla, inanarak tam bir teslimiyet içinde ve en önemlisi de tam anlamıyla teslim olup niyete de girerek oku...

BELKİ DE AŞKA
DAİR DUAN
ÇOKTAN KABUL
OLDU DA
ALLAH SADECE
ARANIZDA
GEREKECEK
VESİLELERİ
TAKDİR EDİYOR...

MUHABBET DUALARI / Tuğçe Işınsu

KEVSER MUCİZESİ

Yeni aşk ve kısmet kapalılığı için uygulanır.

1 bardak suya 313 adet KEVSER SURESİ okuyup yarısını içip yarısını toprağa dökerek yapılabilecek uygulaması da çok etkilidir. İçmeden önce niyetinizi net belirtin.

Perşembe'yi Cuma'ya bağlayan gece ara vermeden 1000 adet KEVSER SURESİ okuyarak bağlı kısmetini açabilirsin.

21 Gece uyumadan 100 adet Kevser oku.

AŞIK ETME

Hak ve helal aşklar için uygulanır.
Saf ve samimi bir kalp ile niyet edilir.

7 gece boyunca devam edilir okumaya:
1 FATİHA VE 3 İHLAS OKUNUP giriş yapılır…
Ardından 1001 defa KEVSER SURESİ okunur.

Okuma bitince sanki o kişiyle sohbet ediyormuş gibi, onu karşına fotoğrafı ile ya da imgeleme yolu ile getir, ona söylemek istediğin her şeyi ona söyle…

"Seni seviyorum, seni olduğun gibi kabul ediyorum, bu aşkı en saf ve en samimi enerjimle bu gece ve tüm zamanlara doğru mühürlüyorum. Allah'ın izni ile gerçek aşk bizimle olsun. Sana teşekkür ediyorum varlığın ve bu sevgi için."

AŞKINIZA NAZAR DEĞDİYSE

Karşı tarafın aşkından, sevgisinden, isteğinden eminseniz bu uygulamayı deneyin. İkinizin arasında size göre bir olumsuzluk yoksa fakat dıştan gelmiş negatif etkiler nedeniyle koptuysanız:

7 gece boyunca devam edilir…

İkinizin resminin üzerine:
KALEM SURESİ
BAKARA SURESİ
FELAK SURESİ
NAS SURESİ
21 YASİN
232 KERE YA KEBİR CELLA CELALÜHÜ okunur…

AŞKLA ÇAĞIRMAK

Bir mıknatısa 313 defa "ya Vedud ya Beduh ya Cemil ya Celil" esmalarını oku.

Bu mıknatısı onun resminin üzerine koy, 7 gece bu çalışmayı onu düşünerek kendi telefonunun yanına koyarak uykuya dal...

HIZLI ARAMASI İÇİN

İkinizin resminin üzerine 2 adet pembe gül yaprağı koy.

750 defa "Estevdi ukumulla ellezi la tediu vedaiuh" oku.

Okuma bitince, iki gül yaprağını üst üste koy ve bir ağacın dibine göm.

Onun resmine DUHAN SURESİ'nin 25. Ayetini 50 defa oku.

Ardından 1000 defa YA BEDUH çek.

SEN KENDİNDEN
VAZGEÇSEN
DE O SENDEN
VAZGEÇMİYORSA,
ONU KAYBETME.
SEN SEVMEYİ
BİLMESEN
DE O SİZDEN
VAZGEÇMİYORSA,
O DOĞRU RUH.

SENİNLE BAĞ KURMASI İÇİN

Perşembe'yi Cuma'ya bağlayan gece, 312 kere "YA BEDUH EL FERRUH İLA ER RUH" dedikten sonra, 120 kere de BESMELE ÇEKTİNTEN SONRA "MİN ZALİKE BİLLAHİ MİN SEDDETİN LEKE" denilir... Çalışmayı yaparken önüne onun resmini koy.

Onun resminin üzerine bir küp şeker koy.

Küp şeker hem muhabbet sembolüdür hem de kristal içeriği olduğu için telepatik bağ kurmayı sağlar.

Bakara Suresi ilk 12 ayetini oku.

100 KERE "YA SEMTİ İNNUR ECİBNİ YA RUHAYAİL" de.

36 defa ŞEMHÜREŞ denir, 77 kere de AYETEL KÜRSİ oku.

Resmi şekerle birlikte kapat, kaldır.

HAYIRLI EVLİLİK YAPMAK...

7 adet TEBBET SURESİ okunur.

21 adet KEVSER SURESİ okunur.

25 defa "YA TAMME FELA TESİFÜL ELSÜNÜ KÜLLİ KÜNHİ CELALİHİ VE MÜLKİHİ VE İZZİHİ" okunur.

"YA MUZİLLİ KÜLLİ CEBBARİN Bİ KAHRI AZİZİ SULTANİHİ" 2050 defa okunup istenen konu hakkında niyete girilir.

Ardından da 40 defa NASR SURESİ okunur, mühürlenir.

İLİŞKİNİN YILDIZINI YÜKSELTEN ÖZEL OKUMA, 7 GÜN DEVAM ET

21 AYETEL KÜRSİ

351 ER RAFİ

228 YA MECİD

188 YA AZİZ

551 YA MÜTEALİ

1020 YA AZİM

662 YA MÜTEKEBBİR

HER GELEN NASİBİN DEĞİL.
HER GİDEN KAYIP DEĞİL...

ONU İKNA ET

HAK VE HELAL KONUDA, iyi niyetle ve sonu hayırlı olacak konu için uygulanır.

Bir kişiyi ikna etmek için bu okuma uygundur.

Önce karşılıklı konuşuyormuşsunuz gibi kişi karşınıza getirin.

Bunu imgeleme yani hayal etme, canlandırma metodu ile yapacaksınız.

O kişiye istek ve niyetinizi anlatın...

Kendi kalp çakranızdan bir ışık tüpünü onun üçüncü göz noktasına doğru çıkarın.

Bu tüpün içinden güzel, saf, samimi enerjinizi ona doğru geçirin.

Mavi ve beyaz renk ışıklar gönderin...

Hazır hissedince: 30 kere SALATÜ SELAM VE 170 DEFA DUHA SURESİ okuyun, onun resmine doğru.

Gece yastık altında onun resmi ile uyuyun.

Sonucu takip edin...

1600 YA BEDUH

NİYET ETTİĞİN BELİRLİ BİR KİŞİYLE BAĞ KURMAK...

"Kul in kuntüm tuhıbbunellahe fettebiuni yuhbibkümüllahu ve yağfir leküm zünubekum vallahü gafurur rahiym. YA VEDUD YA BEDUH YA CEMİL YA ALLAH" duası okunur ve 1600 defa da YA BEDUH zikri yapılır. "Bu zikrin Meleği, Allah'ın izni ile AŞK niyetim ve ilişki dileğimle benim aramda gereken bağı kur, benden ona giderek aramızda gerekeni ilet ve oluşturmamda aracı ol" şeklinde niyet beyan edilir.

SOĞUDUYSA SENDEN, BU OKUMAYI YAP...

İçine ikinizin resmini ve 2 adet de gül yaprağı koy.

Üzerine 4000 kere EL VEDUD zikri yap.

Arada sevgi bağı varsa, karşı taraf da özgür iradesi ile istiyorsa yapılmalıdır.

Sonucu takip et.

HEMEN MESAJ ATSIN

Bu tılsım telepatik bağ kurmaya faydalıdır.

Bu 3 tılsımı ayrı ayrı küçük kağıtlara çiz.

1 gece 3'ünü birlikte sevdiğin kişinin resminin üzerinde beklet.

Ertesi gece 3 küçük kağıdı da telefonun üzerine koy ve bu şekilde uyu.

Sonra bu 3 kağıdı, ikinizin resminin arasına koy, kaldır ve bekle sonucu...

Hak ve helal aşklar için yapılmalı, bağ kurma iyi niyetli olmalı. Özgür iradeye saygıyla...

İLİŞKİDE OLUMLUYA GEÇİŞ...

YASİN SURESİ 78. Ayeti oku.

Sevdiğin kişiye odaklan çizerken...

Eskiye dair olumsuz hiçbir şeyi düşünme, içinde o kişiye karşı öfke, affetmeme, olumsuz bir duygu kalmamalı.

Arınmış ve hafiflemiş bir enerji ile uygula.

İkinizin resmini karşılıklı koy, araya 1 adet de mıknatısı koy.

Hepsini kapat beyaz bir kumaşın içine.

Üzerine 18.000 ES EMİ oku ve kaldır, sakla.

ÖZGÜR İRADEYE SAYGIYLA, HAK VE HELAL İLİŞKİLERE...

AŞKIN İÇİNDE "ÇEKİNME" ESASTIR... SENDEN ÇEKİNMEYEN, SANA AŞIK DA DEĞİLDİR.

HABER ALMAK İÇİN

Ayrı düştüğün bir kişiden haber gelmesi için uygulanır.

İki defne yağrağını ikinizin resminin üzerine koy.

Üzerine Kehf, Fatiha, Fetih, İhla, Meryem, Nur Sureleri okunur.

Dingin ve içten şekilde o kişi ile bağlantı kurmak için niyet et.

Yaprak ve resmi cep telefonunun yanına koy.

Resimde onun kalbinin olduğu yerden bir toplu iğne geçir ve YA ALİM de.

1 hafta bu şekilde telefonuna bu çalışmayı bitişik koyarak uyu…

Sonucu takip et.

İLİŞKİYİ NAZARDAN KURTARMA

Bir cam kaseye kaya tuzu ve su koy.

21 Ayetel Kürsi ve 1 Kalem Suresi oku suya okumuş ol...

Yatak odanda karışımı beklet.

Kasenin yanında bitişik, ikinizin resmi duracak.

Tuz yukarıya çıkıp, su buharlaşıp yok olunca kaseyi yıka.

7 Kevser Suresi ve 100 Es Selam oku.

İLİŞKİ MÜHÜRLEMESİ

120 DEFA "*MİN ZALİKE BİLLAHİ MİN SEDDETİN LEKE*" oku ve niyete gir.

Tüm aşk tılsımı ve ilişkilere dair ritüel, dualar özgür iradeye saygı ile yapılmalı. Senin sevmediğin biri sana enerji yapsa nasıl hoşuna gitmezse bu durum, sen de karşı tarafa saygılı ol. Seni istemeyen birine uygulama yapma. Karşı tarafa karşı saf ve samimi ol, kendine de dürüst ol. Her enerji çift taraflı çalışır, iki tarafa da etki eder. Hak ve helal ilişkiler için uygulama yapılmalıdır.

Her niyet bize geri döner, her dua da duyulur.

Kendin için neler isteyebiliyorsan, başkaları için de bunları iste.

Senin, onun, bütünün, her şeyin hayrına olsun niyeti ve inancı ile çalışmayı başlat.

Derin nefesler al ve ver.

Hazır hissettiğinde, onu tam karşına getir.

Ona iletmek istediğin konuları parlak, beyaz-mavi bir enerji topunun içine yükle. Tüm mesajları, ilişki dileklerini, niyetlerini, ona söylemek istediklerini enerji olarak bu topun içine koy. Bu topu kendi üçüncü göz noktana doğru getir ve içeri sok. "ve öyle de oldu" dedikten sonra, kendi kalp çakrandan onun kalp çakrasına doğru altın rengi ışıktan oluşan sağlam ve kuvvetli, kalın bir halat geçir. Halat onun kalp çakrasına tam olarak geçsin ve orada köklensin.

"Seni şimdi ve tüm zamanlara doğru yaşamıma çekiyorum" dedikten sonra, halatı kendine doğru çek, onu da bu şekilde kendine doğru çekmiş olacaksın. İyice yaklaşınca altın halatı yaktığını imgele. Bir aşk alevi çıkıyor. Sonra, ikinizi bir ışık topu yap ve kendi kalbine bu topu göm.

"Allah'ım bu kişinin beni sevmesi, benimle olması, ilişkinin güçlenmesi adına yaptığım bu çalışmayı kabul et" dedikten sonra: 114 kere EL CAMİ yani Allah'ın bir araya getiren anlamındaki esmasını oku.

ONU, ESMALARLA YAŞAMINA ÇAĞIR...

21 gün boyunca her gün bu zincir okuma, onun resmine doğru yapılır...

37 kere Ya Evvel
20 kere Ya Hadi
108 kere Ya Hak
305 kere Ya Kadir
90 kere Ya Melik
744 kere Ya Muktedir
351 kere Ya Rafi
258 kere Ya Rahim
131 kere Es Selam
526 kere Eş Şekür
47 kere Ya Vali
202 kere Ya Berr
80 kere Ya Hasib
1100 Ya Muğni
662 Ya Mütekebbir
94 kere Ya Aziz
113 kere Ya Baki
270 kere Ya Kerim
129 kere Ya Latif
114 El Cami

TÜM KALBİNLE
NİYET ETTİĞİNDE,
ENERJİ ÇALIŞMAYA
BAŞLAR...
İNANDIĞINDA
İSE, OLASILIKLAR
BELİRMEYE
BAŞLAR!

İLİŞKİYE BAŞLAYAMAYANLARA

"Niyet ettim yeni ve hayırlı bir ilişki yaşamaya... Allah'ım, eskiden ve aile geçmişimden gelip bana sirayet etmiş olan tüm öfke, korku, zarar, hata, günah, hastalık, yarım kalmışlık, karma borcu, kul hakkı, imtihan, takıntı, günah ve hastalıkların etki ve enerjisi üzerimden kalksın. Şimdi ve tüm zamanlara doğru bu geçişlerin iptali için gereken tüm enerjiyi yaşamımda kabul edip onay veriyorum. Ana rahminden itibaren bende kayıtlanmış olan tüm olumsuz akit, kontrat, rol, anlaşma, hatalı karma yemini, geçişler şimdi ve tüm zamanlara doğru benden çıktı. Düğüm, negatif geçiş, dirençleri bıraktım. Yarım kalıp bende enerji blokajı sağlayan konuları, beddua, nazar, büyü, lanet, göz, hatalı sözlerin tüm etkilerini sonsuza kadar iptal ettim. Şimdi ve tüm zamanlara doğru, tüm mekanlara doğru, tüm frekans ve boyutlarda, ezelimde ve ebediyen arındım. Bana sevgi gelir, benden sevgi çıkar. Bendeki her şey saf sevgiye dönüştü." dedikten sonra:

7 AYETEL KÜRSİ

7 KEVSER VE 4444 YA VEDUD okunur.

MIKNATIS RİTÜELİ

Sevdiğin kişinin ve senin resimlerinizi yüz yüze gelecek şekle getir ve ortasına bir mıknatıs, biraz çörek otu, bir küçük ametist taşı koy. Kenarlarından zımbala resimleri. Bir Dolunay gecesinde bu zımbalanmış ve ortasında mıknatıs bulunan resimleri karanfil ile tütsüleyip (yağı ya da sadece tütsüsü ile) kırmızı ipek bir kumaşın içine koy, kumaşı kenarlarından dik.

Evinizde enerjilerin en yoğun olduğu oda, yatak odası olduğu için bu hazırladığın

ipekli ritüeli gizli bir çekmecede beklet... Bu ritüelin hazır olduğu geceden başlayarak, 7 gece boyunca karşı tarafı imgeleyerek ona "seni seviyorum-sana teşekkür ediyorum-seni kabul ediyorum" de. Yine 7 gece boyunca bilinçaltına görev verin ve komut ederek bu kişi ile ilgili ne mesaj alman gerektiğini sor. Kalbinden çıkaracağın yeşil-pembe ışığı onun kalbine gönder, ondan gelen ışıkları da her gece yine sevgi ile kabul et, kalbine doldur.

ENERJİ BALONU VE TELEPATİK BAĞ KURMA

İki elini birbirine sürterek bir enerji yarat. Ellerini omuz hizasında açmaya başla ısı yükselince.

İki kolunu/elini omuz hizasında açtıktan sonra, kapatmaya başla. Direnci hissettiğin anda dur ve elleri alta üste yana döndürerek iki avuç arasında bir enerji balonu yarat. Şimdi balonun içine aşık olunan kişiye iletmek istediğin mesajları koyun... (seni seviyorum, beni affet, beni ara vb...)

O kişi o saatte nerede olursa onu orada imgele, avucunuzun üzerinde duran topu üfle ve ona doğru gönder. Onun kalbinden içeri girdiğini imgele. İki elini birbirine tekrar sürt ve sonra elleri kalbinin üzerine koy "ve öyle de oldu" de. Çalışmaya cevap alana dek devam ... Gece yapılırsa daha etkili olur.

İYİ NİYETLİ
SEVGİLERİ
KAYBEDENLER,
KENDİLERİNE
BENZEYEN
RUHLARLA
ÖLÜRLER...

DÜŞÜNCE YOLUNU AÇMA

Sessiz bir odada, onun resmini gözünde canlandır.

Yüzüne birkaç dakika konsantre ol.

Ellerini birbirine sürtüp omuz hizasında açıp sonra biraz kapatıp alttan üste gezdirip bir enerji balonu yarat. Balonun içine aşkınızın ismini söyle: "Mehmet" birkaç kere tekrar edin içinizden "dur" hissi gelince dur. Balonun içine doğru sorun "Mehmet şimdi sana doğru bir düşünce yolu açmak istiyorum, iznin olur mu?.." Telepatik olarak bir cevap gelecek; evet ya da hayır olarak...

Cevap evet ise yola devam: Kendi üçüncü göz noktandan onun üçüncü göz noktasına doğru bir mor ışık kordonu geçir ve tüm mesajınızı bunun içinden geçirerek ona aktar. Unutma, hepimiz görünmeyen bağlarla bağlıyız, bu yolla onun düşüncesine düşeceksin.

ÇAKRALAR İLE ONA ULAŞ

İki elini birbirine sürt. İki elini aç ve karşılıklı getir. Bir top/ balon varmış gibi hisset iki elinin arasında... Bir enerji balonu yarat. İçine karşınızdaki kişiyi, ilişkiyi, kendinizi ilişkinizin içinde arındırma, şifalandırma niyetlerini hem söyle hem de enerjinle aktar. Yukarıdan altın sarısı bir ışık indir, bu esnada bu ışık ile yıkan. Hazır hissettiğin anda, bu topu aşkını o an olabileceği yerde imgeleyip onun kalp çakrasından içeri sok. Bu güzel enerjinin onun tüm vücudunda dolaştığını imgele... Aynı topu aynı şekilde ikinci kez yap ve bu seferde onun üçüncü göz noktasından içeri sok. Yine tüm vücudu mesajı ve enerjiyi alıyor... Şimdi son olarak kendi kalbinden çıkaracağın altın sarısı ışığı onun kalbine gönder; ondan gelen tüm ışıkları da alıp kendi kalbinize doldur. Ellerinizi en son sürtüp yine enerji yarat, en son kalbinizin üzerine koy "ve öyle de oldu" de... Sonuca güven.

AŞK SUYU

Kristal bir kase edin, çok küçük olmasın.

İçine biraz musluk suyu (yaşayan aktif su) biraz da yağmur suyu ekle.

En sevdiğiniz şarkıyı ça odada (aşkınla ortak şarkınız varsa bu da olabilir)

Kasenin içine muhabbeti simgelen toz şeker ve gül yaprakları koy.

Şimdi iki elini birbirine sürt tüm niyet ve duaları bu ellerinizin içine okuyun.

Ellerini suyun üzerinde suya değmeden gezdirin... enerjiyi hisset.

Kasenin tam altına ikinizin birlikte olduğu mutlu günlere ait bir resmi koy.

Bu şekilde çalışma 7 gece beklesin. Bittiği günün sabahı suyu damla damla yere serperek onun olduğu yere kadar git (mümkün değilse yakın bir yere kadar git ya da gidiyormuş gibi niyette kalarak biraz yürü). Bu metod ile o oluşmuş aşk enerjisi ve suyu ile ona bir aşk yolu yaratmış olacaksın. Ona doğru gidiş ve aşk yolu enerjisini açmış olacaksın.

DEĞMEYEN
İNSANA, HER
TAVİZ VERİŞİNDE,
KENDİ KUL
HAKKINA GİRDİN.
BİTİR Kİ, RUH EŞİN
SANA ÇEKİLSİN...

RÜYADA TELEPATİK BAĞ KURMAK İÇİN

1414 kere YA NUR YA BASİT YA ZAHİR esma zikri tamamlanır.

Kendi kalbinden çıkaracağınız mor-altın-pembe ışığı onun kalbine doğru gönder.

Uyku öncesi niyet et ve onun üçüncü göz noktasına odaklan...

Burnundan nefes al ve yine onun 3. Göz noktasına doğru nefesi gönder, uyku basana kadar devam et… Uykuda alınan mesajı takip et, çalışmaya devam edeceksen bu konu için özel bir rüya rehberliği defterin de olsun.

RESİMLE TELEPATİ KUR

O kişinin resmine odaklan. Resme bakarken olumlama da yapmış olabilirsin. Sonra sadece o kişinin üçüncü göz noktasına odaklan. Kendi üçüncü göz noktandan, onun aynı noktasına doğru mor ışık gönder. Oradan geri gelen ışıkları, imgele ve geri al sevgi ile kabul et...

Devamında okunacak dualar

100 SALAVAT, 100 İSTİĞFAR, 336 YA MUSAVVİR, 313 KAF HA YA AYN SAD okunur. Ardından 3000 defa "fe erselna ileyha ruhana fe temessele leha beşeran seviyya" ayeti ile devam edilir.

ONU KALBİNE ÇAĞIR

Tüm kalbinle ve safça iste
Onun da hayrına ise iste
Özgür iradeye saygı duy
Telepatik bağı güçlendir
Gerçekten sev
Hesap veya menfaat olmasın içinde

"YA KADİM YA DAİM YA EHAD YA MUHAMMED

Kulhuvellahü ehad, Allahus samed, lem yelid velem yuled ve lem yekün lehü küfüven ehad. Ve sallallahü ala seyyidina Muhammedin ve alihi ecmain." 21 sabah boyunca Güneş doğarken 100 defa okunur, hayırlısı istenir.

ONU NASIL DA TANIYAMAMAMIŞIM DEME, BENDEKİ HANGİ ESKİ KÖK KAYITTAN DOLAYI ONU YAŞAMIMA ÇEKTİM DE... DOĞRU AŞKI ÇEKMEK İÇİN; ÖNSE SEN DÖNÜŞ!

AŞKTA HAYIRLISINI DİLEMEK...

2 Rekat Hacet Namazı kılınır.

Secdede Allah'a yalvarılır, niyet edilir.

Muhammed Suresi okunur.

1000 adet YA VEDUD YA MUKADDİM esmaları çekilir.

7 gün devam edilir…

Amin.

GERÇEK AŞKA NİYET

HACET NAMAZI kılınır…

100 kere Tevbe İstiğfar çekilir.

100 kere Salavat getirilir.

1 kere Duha Suresi okunur.

21 kere Ayetel Kürsi okunur.

100 adet YA CAMİ YA VEDUD,

336 YA MUSAVVİR esmaları okunarak devam edilir…

"Hak ve helal ise BANA dönsün" şeklinde niyet edilir…

SENİ DÜŞÜNMEDEN EDEMESİN

16.641 KERE "YA LATİF" ÇEKİLİR...

BESMELE ile başlanır...

"Allahümme salli ala seyyidina Muhammedin nuriz zati ve sırrin fi cemiıl esmai ves sıfati ve ala alihi ve sahbihi ve sellim" 100 defa okunur. Geçmişteki bu kişi ile ilgili sadece olumlu anlar tekrar tekrar düşünülür. Sonunda imgelemeyle, ikinizi bir olmuş sarılmış olarak görün, ikinizi bir ışık topu yapın, o son topu kalbinize gömün...

HAYALİNDEKİ KİŞİ İLE EVLEN...

Temiz su ve gül suyu karışımına 21 adet Haşr Suresi okunur.

Okuma esnasında amber tütsüsü yapılır.

Karışım 7 Cuma sürülür.

7 gece boyunca gül yağı ile tütsü yaparak TOPLAMDA 70 adet KARİA SURESİ okunur.

SENİ GÜZEL GÖRSÜN...

Kalbin enerjisi görüntüye yansır ve gerçek güzellik budur.

Bazı insanlar fiziksel olarak güzeldir ama onların güzelliği fark edilmez ya da etkilemez, bu durum onların "enerjisel" anlamda sorun yaşamasındandır.

Gül suyu üzerine Nur Suresi 3. Ayet ve Tin Suresi ilk 4 ayet okunur.

Bununla yüzünüzü silersiniz...

SENİ HERKES
YANILTIR DA
SADECE ALLAH
ASLA YANILTMAZ.
SANA "NEFESİNİ
BİLE VEREN
O'NA" DUANI
EMANET ET...

DOĞRU EVLİLİĞİ YAPABİLMEK İÇİN...

"**Allahümme salli ala seyyidina Muhammedinil fatihil ebvab**" duasını Pazartesi ve perşembe geceleri 1001 defa okuyun. Sonra 3500 defa Ya Semi esması çekilir...

"**Kezalike zevvecnahüm bihurin ıyn**" Bu dua her gün 1000 defa ayrıca okunmaya devam edilir...

Nahl Suresi 72. Ayeti "**Vallahü ceale leküm min enfüsiküm ezvacen ve ceale leküm min ezvaciküm benine ve hafedeten ve rezakaküm minet tayyibat**." Beyaz renkte ipek bir mendile Nahl suresinin 72. ayetini okuyun çeyiz sandığınıza koyun. Mendile ayrıca 111 defa Nahl suresi okuyun. Gece yatsı namazının sonrasında gusül abdesti alınarak, kullanılmamış iç çamaşırı giyilmeli. İki rekat Allah rızası için namaz kılınmalıdır. Namazın ardından kendimiz için hayırlı bir eş bulmak ve hayırlı bir evlilik yapmaya niyetlenmeli, hayırlı olan Allah'tan istenmeli. 4356 defa Ya Allah esması okunur ardından...

Cuma ezan vakti 1062 defa **"Ya Bais Celle Celalühü"** okunur.

Günde 51 defa abdestli olarak Salavat-ı Mecule'yi evlenmek isteyenler okumalıdır. **"Allahümme salli ala seyyidina Muhammedin salaten tehullu biha ukdeti ve tüferricu biha ukdeti ve tüferricü biha kurbeti ve takzi biha haceti ve ala alihi ve sahbihi ve sellim."**

İSTEDİĞİNİZ KİŞİYİ RÜYADA GÖRMEK İÇİN

Cuma gecesi, geceyarısından sonra 2 rekat namaz kılıp 1414 defa aşağıdaki isimleri okuyarak sağ tarafına yatıp uyuyan kimse, istediği kişiyi ya da istediği mesajı rüyâsında görür.

Okunacak isimler:

Yâ Nûr, yâ Bâsit, yâ Zâhir

EVLİLİK İÇİN OKUNACAK AYETLER

Nisa Suresi 34, 35, 128. Ayetler

Ali İmran Suresi 31. Ayet

Enfal Suresi 63. Ayet

Furkan Suresi 74. Ayet

Nur Suresi 32. Ayet

SENDEN ASLA VAZGEÇMESİN

21 Besmele

1001 Ya Azim

Nisa Suresi 132. Ayet

Tevbe Suresi 129. Ayet

400 Ya Vedud

Meryem Suresi 96. Ayet

Rum Suresi 21. Ayet

100 Ya Mücib

İLGİSİZ KOCA İÇİN

DUHAN SURESİ 25. AYET

21 gün boyunca her gün 100 defa, onun resmine okunur.

Evde 7 Kureyş Suresi okunur.

800 kere YA HASİB denir.

102.

EŞLER ARASI SOĞUKLUK GİDERME

7 DUHAN SURESİ OKUNUR...

Evde adaçayı ve üzerlik ile tütsü yakılır...

Yatak odasında, 1000 YA VEDUD YA KAVİYY okunur.

7 adet YASİN okunur ve 11 adet de Ayetel Kürsi okunur.

Bir sürahi içine 7 adet defne yaprağı koyup, 10 adet SALATEN TEFRİCİYE okunur.

Bu sudan 7 gün boyunca 2 kişi, azar azar içip bitirir.

UĞRAŞARAK DÜZELTME, VAZGEÇEREK KURTUL BAZEN DE... DÜZELİR DİYE HAYAT GEÇİRME, ZATEN DÜZGÜNÜ VAR UNUTMA. SEN DUANI "HAYIRLI OLAN" İÇİN YAP...

EVLİLİĞİNİ KURTAR

Yusuf suresi 4. Ayet, 100 defa

Taha suresi 39. Ayet, 100 defa

100 defa YA RAHİM YA RAHMAN

NİSA SURESİ 84. AYET, 100 defa

Okuma yatak odasında, eşinin resmine doğru okunacak.

BAŞKALARI YÜZÜNDEN AYRILDIYSAN OKU...

7 YASİN

7 KAFİRUN

BAKARA İLK 15 AYET

YUNUS SURESİ

HUCURAT 13. AYET

ALİ İMRAN 31. AYET

YUSUF 4. AYET

1001 YA MACİD

GÜL YAĞI İLE ETKİLEME

1 litre suya 19 damla gerçek gül yağı damlat.

1 Dolunay gecesinde bu çalışmaya başla…

Suya doğru 150 YA ALİM, 1000 YA MUSAVVİR, 444 EN NUR oku.

Etkilemek istediğin kişiye gitmeden önce bu su ile elini yüzünü yıka ve öyle git.

Kişi ile konuşurken, içinden onun gözlerine bakarak YA MUHSİ diyeceksin devamlı…

ONU ETKİN ALTINA AL

YA MÜHEYMİN

YA KUDDÜS

ES SEMİ

YA ALİM esmaları 100'er defa okunur onun resmine.

21 gece devam edilir.

GÖZÜNE KESTİRDİĞİN BİRİNİ, YAŞAMINA ÇEK...

662 YA MÜTEKEBBİR

145 YA MÜHEYMİN

170 YA KUDDÜS

134 YA SAMED

180 YA SEMİ

318 YA ŞAHİD

55 YA MÜCİB

86 YA BEDİ

156 YA KAYYUM

114 EL CAMİ

SENİ HAK
ETMİYORSA,
İLAHİ YOLLA
SENDEN ALINIR.
İŞTE O ZAMAN
RUH EŞİNE
YOL AÇILIR...

İLİŞKİNİN ENERJİSİNİ ZİRVEYE TAŞI...

786 Besmele

3304 kere BURÇ SURESİ 9. Ayet

351 YA Rafi

Bu özel okumaya 40 gün aralıksız devam edilir...

SANA TUTKU İLE BAĞLANSIN, AŞKINLA DOLSUN...

Beyaz bir kuvars kristali satın. Sağ avcunda kristali tutarak, onun resmine bakarak bu duayı gece yarısı oku... Gün içinde kristal hep yanında veya çantanda dursun. Kristale dokunurken, onu düşün...

Allâhümme yâ Alîmu yâ Azîmu yâ Rahmânu yâ Rahîmu yâ Kuddûsu ente Rabbi ve ilmike hasbi feni'mer rabbû rabbi ve ni'mel hasbû hasbî tensuru men teşâu ve inneke entel azîzur-rahîm.

Yâ Kuddûs Yâ Kuddûs Yâ Kuddûs Ve es-elukel azameti vel-harekâti ves sekenâti vel kelimâti vel irâdâti vel hazarâti min eş-şekûri kâne vez zunûni vel evhâmi ve zulzilû zilzâlen şedidâ.

Yâ Kuddûs Yâ Kuddûs Yâ Kuddûs Ve iz yekûlul münâfikûne vellezîne fî kulûbihim meradun mâ veadenallâhü ve resûlühü illâ ğurûrâ.

Yâ Kuddûs Yâ Kuddûs Yâ Kuddûs Veftah lenâ feinneke hayrul-fâtihîn.

Vağfirlenâ feinneke hayrul-gâfirîn. Verhamnâ feinneke hayrur-râhimîn. Sebbitnâ vensurnâ ve mehhirlenâ hâzâ emrî ve sahharel bahreyni li mûsa ve sahharetil cibâlu vel hadîdi li dâvuderrîhi vel cinni vel insi li süleymâni ve sehheretis-sakaleyni Muhammedinil Mustafa s.a.v Yâ Kuddûs

Ve sehhirlenâ küllün fil-bahri hüve leke fil-ardi ves-semâi vel-mülki vel-melekûti külle şey'in bimâ kesebet bi hakkı Kâf Hâ Yâ Ayın Sad.

Vensurnâ feinneke hayrun-nâsirîn.

Verzuknâ ve ente hayrur-râzıkîn.

Vehdinâ ve neccinâ minel-kavmiz-zâlimîn.

Yâ Kuddûs Yâ Kuddûs Yâ Kuddûs

Veheblenâ rîhan tayyiban kemâ hıye fî ılmike venşur aleynâ min hazâıni rahmetike verhamnâ bihâ hamlil kerâmâti meas-selâmeti vel-âfiyeti fîd-dünya vel-âhireti. Yâ Kuddûs Yâ Kuddûs Yâ Kuddûs

Allâhümme yessirlenâ umûrenâ mearrahmeti li kulûbinâ ve eydinâ vesselâmeti ve kün lenâ hâceten fî seferinâ ve halîfete fî ehlinâ vetmun alâ vucûhi a'dâınâ vemsehûhüm kulûb. Yâ Kuddûs Yâ Kuddûs Yâ Kuddûs

Şâhetil vucûhü lil hayyil kayyûm.

Vekad hâbe men hamele zulmâ.

Tâ Sîn Mîm.

Hâ Mîm Ayn Sîn Kâf meracel bahreyni yeltakıyâni beynehümâ berzahün lâ yebğıyâni.

Hâ Mîm Hâ Mîm Hâ Mîm el emru ve câennasru fealeynâ lâ yunsarûn.

Yâ Kuddûs Yâ Kuddûs Yâ Kuddûs Bismillâhirrahmânirahîm.

Hâ Mîm.

Tenzîlul kitâbi minallâhil azîzil alîm.

Ğâfiriz zenbi ve kâbilit tevbi şedîdil ikâbi fein tevellev fekul hasbiyallâhü lâ ilâhe illâ hu.

Aleyhi tevekkeltü ve hüve rabbül arşil azîm.

Bismillâhirrahmânirrahîm, Yuhibbûnehüm kehubbillâhi vellezîne âmenû eşeddü hubben lillâhi ve ihsânihî ve ehibbâı ve ihvâni minel mü'minîne vel mü'minâti billâhil aliyyîl azîm.

RUHLARI AYNI KAYNAKTAN GELENLERİN, YOLLARI BİR YERDE KESİŞECEK. BİR RUH SENİN KADERİNSE, RUHUN BUNU BİLİR...

HAKKINDA HAYIRLI İSE, SANA GERİ DÖNSÜN...

"Vedduha.

Velleyli iza seca.

Ma vedde'ake rabbüke ve ma kala.

Ve lel'ahıretü hayrün leke minel'ula.

Ve lesevfe yu'tıyke rabbüke feterda.

Elem yecidke yetiymen feava.

Ve vecedeke dallen feheda.

Ve vecedeke 'ailen feağna.

Feemmel yetiyme fela takher.

Ve emmessaile fela tenher.

Ve emma binı'meti rabbike fehaddis. (Duha Suresi)

Bismillahirrahmanirrahim

Ya Vedud,

Yedi kat göğü ve yedi kat yeri yaratan sensin. Sen sonsuz kudret sahibisin. Onun gönlünün yedi katını da bana meylettir, beni onun gözüne güzel göster ya Rabbim.

Ya Mücib,

Tevrat'ı, Zebur'u, İncil'i ve Furkan'ı insanlara yol göstersin diye sen gönderdin. Kuran-ı Azumuşşan ile bizi nurlandıran da sensin. Onun da gönlünü önce iman ile sonra bizim sevgimizle doldur ya Rabbim.

Ya Cami,

Sen Adem'in, Nuh'un, Yusuf'un, Musa'nın, Harun'un, İsa'nın, şanı yüce Muhammed Mustafa'nın ve 124 bin peygamberin İlahısın. Sen dilediğin vakit dilediğin her şeyi bir araya getirme kudretine sahipsin. Bizim gönüllerimizi de bir araya getir ya Rabbim.

Ya Latif,

Sen sonsuz kerem ve ihsan sahibisin. Onu benimle beni onunla nasiplendir. Sen gönülleri evirip çevirensin. Bizim gönüllerimizi de birbirine çevir ya Rabbim.

Bismillahirrahmanirrahim

Ve min ayatihı en haleka leküm min enfüsiküm ezvacen li teskünu ileyha ve ceale beyneküm meveddeten ve rahmeten inne fı zalike le ayatin li kavmin yetefekkerun.

Bismillahirrahmanirrahim.

El hamdü lillahi rabbil alemin.

Er rahmanir rahim.

Maliki yevmid din.

İyyake na'büdü ve iyyake nesteıyn.

İhdinas sıratal müstekıym.

Sıratallezine en'amte aleyhim ğayril mağdubi aleyhim ve lad dallin. (Amin)"

CAZİBE SÜRMESİ

Yeni bir siyah sürme satın al.

Gül tütsüsü yak ve önce bu sürmeyi kapalıyken, gül tütsüsü ile tütsüle.

Üzerine "7 gün içinde toplam 7777 kere" aşka, etkilemeye, hakkında hayırlı olan kişiyi bulmaya, dişi enerjini artırmaya niyet ederek "YA HASİB" oku.

Sürmeyi gözüne sürme anında, her sabah ayrıca 7 kere "YA MUSAVVİR" denecek...

SANA DEĞER KATMAYAN İLİŞKİYE, ZAMAN AYIRMA. KİMSEYE AYIP OLMAZ MERAK ETME, SANA ARTIK AYIP OLMASIN YETER...

AŞK İKSİRİ İLE İLİŞKİNİ CANLANDIR

Bir litre suya, 7 damla gül suyu, 7 damla gül yağı, 2 damla limon suyu damlat, 2 küp şeker koy.

Gece yarısı bu suya doğru, yatak odanda:

4000 YA VEDUD, YA CAMİ

1000 YA MUKADDİM

1000 YA RAUF

2000 EN NUR oku.

Suyun yarısını sen iç, yarsını o içecek.

İçme bitince, TAHA SURESİ okunacak.

TAMAMLAMA ENERJİSİ

İlişkide artık mutlu sona varmak için bu terkibe başvurulur...

Bir daire çiz.

Daire üzerine 888 EL BEDİ oku. 336 kere de YA MUSAVVİR de.

"tüm zamanlara doğru bu aşkta, sonuca varmaya ve mutlu sona niyet ettim" de ve KEHF SURESİ'ni oku.

Dairenin üzerine 2 adet karanfil koy ve kapat. Odanda sakla.

ONUN BAKIŞ AÇISINI DEĞİŞTİR

Sana karşı son zamanlarda olumsuzsa, ilişkinizi dönüştürüp o seni daha çok sevsin diye bu uygulamayı yap...

ONUN RESMİNE doğru 100 defa YA ŞAFİ YA LATİF YA EVVEL HA MACİD dedikten sonra, "Ben tüm zamanlara doğru, bu ilişkimde en üst frekansa niyet ettim. O ve ben dönüşüyoruz. İLİŞKİMİ EN ÜST SEVİYEYE taşımak adına bu gece bu konuyu mühürlüyorum." de ve elini kalbinin üzerine koyup 21 Salavat çek, 21 Besmele çek.

BİR KARMA BORCU NEDENİYLE YALNIZ OLAN OKUR

Tevbe Suresi

Tekasür Suresi

Hucurat Suresi

Kafirun Suresi okunup, 7 kere de İstiğfar çekilir.

"Niyet ettim bu gece ve tüm zamanlara doğru, geçmişten kalıp üzerimde etkisi devam eden tüm kul hakkı, blokaj, karma borcu ve manevi engelleri bırakmaya" denir.

Mavi bir kağıda, "Geçmişten kalan eski, amacı kalmamış, yanlış kanallardan bana sirayet etmiş, engel yaratan her enerjiyi bıraktım" denir, bu kağıt gece yastık altında uyunur.

AŞK NİYETİ

Aşka dair tam olarak dilek ve beklentin neyse, bunu bir kağıda açıkça olumlu kelimeler ile yaz. Yazının üzerine 222 defa YA NAFİ, YA MÜCİB, YA BATIN, YA MELİK oku. Kağıdı yak ve külleri toprağa göm.

Başka bir kağıda 777 kere YA ZEL ARŞİD MECİD oku. Bu kağıdın içine de 2 adet pirinç koy ve çantanda sakla…

SENİ İNCİTEN
RUHA DÖN
VE DE Kİ:
"İLAHİ ADALET
HEPSİNİ
KAYDETTİ."

CAZİBE KREMİ

Aşk enerjisi ve dişi enerjiyi artırmak amacı ile uygulanır.
Yeni satın alınmış bir krem üzerine niyet edip oku:
100 EN NUR
TİN SURESİ
100 YA MUSAVVİR
400 YA VEDUD
1000 YA RAFİ
100 YA MECİD
Krem sabah akşam sürülür, senden başkası kullanmasın.

İLİŞKİNDE KISIR DÖNGÜ BAŞLADIYSA OKU

999 YA ALLAH

BURÇ, ANKEBUT, NİSA, TAHA SURELERİ.

1001 YA HAKK, YA HAYY.

O SANA ADIM ATAMIYORSA...

Onun resmine doğru 7 gece üst üste, tam geceyarısı saatinde bu okuma yapılır:

222 YA HABİR, YA VEDUD, YA FETTAH.

FURKAN SURESİ.

7 KEVSER SURESİ.

150 YA ALİM.

1001 YA BEDİ.

AŞK SUYU

Güçlü etkiler, ilişkide netlik ve yenilik için okunur.
1 litre suya, 7 adet gül yaprağı koyulur.
İçine bu dualar okunur:
YUSUF SURESİ
KAHF SURESİ
ŞAHMERAN DUASI
CELCELUTİYYE DUASI
2014 KERE YA KERİM
196 YA VACİD
500 YA MÜTEALİ
7 AYETEL KÜRSİ

SAÇ RİTÜELİ

KUREYŞ SURESİ

MERYEM SURESİ

ŞURA SURESİ

İNŞİRAH SURESİ

KEVSER SURESİ'ni yatak odanda 1'er defa oku ve enerji kanalını açmış ol.

Kendi saçından 1 adet al ve üzerine: İSMİ AZAM, KENZÜLARŞ, EVRADI BEHAİYYE dualarını oku. Aşkla ilgili niyetini net olarak belirt ve saça bir düğüm at.

Bu saçı yatak odanda sakla.

KADERİN
İKİNİZİN
ARASINDA
YARIM
BIRAKTIĞINI,
ŞİMDİ BİR DUA
TAMAMLAYACAK.

ÜZERLİK TOHUMU

Bir kağıda bir kalp çiz.

Kalbin içine, ikinizin ismini yaz ve üzerine üzerlik tohumu koy.

Kalbin ortasından bir toplu iğne geçir.

232 kere YA KEBİR , 7 YASİN, 7 KEVSER SURESİ oku.

Çalışmayı yatak odanda sakla.

ONU ÇAĞIR YAŞAMINA...

YA VEDUD, YA BEDUH, YA CEMİL, YA CELİL esmalarını 100'er defa onun resmine doğru oku. Sonra onun resminin üzerine bir mıknarıs koy.

Bu şekilde 1 gece beklet...

Ertesi sabah, bu mıknatısa:

100 defa YA VEKİL çek ve mıknatısı yanında taşımaya başla.

İLİŞKİNİZİN YILDIZINI YÜKSELTİN

İkinizin resmine doğru 7 gece üst üste okunur:
7 İSTİĞFAR
7 SALAVAT
21 BESMELE
21 AYETEL KÜRSİ
351 Y RAFİ
228 YA MECİD
188 YA AZİZ
551 YA MÜTEALİ
1 YASİN

ONU HİSSET

114 kere EL CAMİ esmasını oku. Sana mesaj atmasını istediğin kişinin whatsapp'tan yazışma yerini aç. Gözlerini kapat ve onun sana yazmış olduğunu imgele... Elini kalp çakrana koy ve YA HAYY esmasını sürekli tekrar et...

Sonra kalbinden çıkaracağın mor-sarı ışığı onun oradaki resmine doğru gönder. Ondan da sana başka renkte ışık gelecek, ışığı al ve kabul ederek kendi kalbine doldur. İkinizi bir olmuş, kenetlenmiş olarak imgele, son olarak bir ışık topu yap ve kalbine göm bu ışık topunu.

Şu duayı oku ve ona gönder tüm hislerinle:

Bismillahirrahmanirrahim

"Allahümme elif beyne kulubina ve aslih zate beynina ve'hdina sübüle'sselami ve necnina mine'z-zulümati ile'n-nuri ve cennibe'l fevahişe ma zahare minha ve ma betane."

Çalışma bitince, KEVSER-KARİA-TAHA SURELERİ okunur.

İLİŞKİNİN ENERJİSİNİ YÜKSELT

7 İstiğfar

7 salavat

1 İhlas

1 Fatiha

1 Vakıa Suresi

212 El Malikül Mülk

99 Ya Rahman

489 Ya Fettah

1001 Ya Elif

308 Ya Rezzak

526 Eş Şekür

1 Duha Suresi

1 Yusuf Suresi

TÜM BU DUALARI, gece geç saat ikinizin resmine oku. Kırmızı bir mum yak, mumdan iki damla resme damlat ve YA MUKTEDİR de, resmi kırmızı kumaş içinde sakla…

ZAMANA

BIRAKMA,

HER ŞEYİ ŞİMDİ

“DUANIN

TEK

MUHATABINA”

BIRAK.

ZARFLA AŞK MÜHÜRLEMESİ

Beyaz bir zarf alınır.

Zarf ilk evvela, GÜL yağı ile tütsülenir.

Yağ buhur olunca, zarf üzerine gezdirilip tütsüsü yapılır.

AŞK dileklerini beyaz bir kağıda kırmızı kalemle yaz ve yak.

Külleri zarfın içine koy.

Zarfın üzerine bu dilek duası okunur:

"Estagfirullah min külli mâ kerihallah, Estagfirullahel'azîm ellezî lâ ilahe illâ hüvel hayyel kayyûme ve etûbü ileyh."

Zarfı kaparken, "bu zarfı şimdi ve tüm zamanlara doğru niyetimle dileğimle mühürledim" diyeceksin ve kapatacaksın.

Son olarak, 100 kere, "Yâ Allah, Yâ Cami, Yâ Rahîm, Yâ Vedud, Yâ Kâdir" diyerek zikir ek ve tam zarfın kapanma noktasına üfle.

Zarfı yüksek bir yere sakla.

İLİŞKİNDE, NAZAR VE BÜYÜYÜ BİTİRME

Bakara Suresi son 2 ayeti 7 adet çörekotuna okunup çantaya konur.

Bu sırlı 2 ayet tuza okunur.

Bu tuz sabah aç karnına yenir.

Üzerine; KALEM, FATİHA, FELAK, NAS, MÜMİN Sureleri de okunmuş su içilir.

21 gün devam edilir.

SONRA İKİNİZİN RESMİNE:

Yunus Suresi 81-82. Ayetler

Taha Suresi 69. Ayet

Araf Suresi 118-122 arası ayetler

Taha Suresi tamamı banyo suyuna okunur ve bu su ile üzerine nazar, büyü, blokaj bulunan kişi yıkanır. 7 gece devam edilir.

İLİŞKİSİNDE, TÜM KAPILARI KAPANMIŞ OLAN OKUR:

786 Besmele

7 Fatiha

7 Yasin

100 Felak ve Nas Sureleri

2 Taha Suresi

1 Tarık Suresi

11 Kafirun Suresi

Okuyup içilir…

Ayrıca AŞK hayatı bloke olmuş kişilerin bol bol Ezan dinlemesi gerekir.

TILSIMLI SEVDA YÜZÜĞÜ

Çok özel bir amaç veya hedef için uygulanır…

7 gün boyunca, oruç tutulur.

Yeni bir yüzük satın alınır.

Yüzüğün üzerine: 10 kere En'am Suresi, 7 Kureyş, 1 Meryem Sureleri okunur.

7 gece bu yüzük yastık altında olacak şekilde uyu…

8. gün yüzüğü takmaya başla ve niyetine odaklan…

BAĞLILIK İÇİN EŞİNE İÇİR

196 YA HAYY, YA ALLAH, YA HU, YA CAMİ, YA KAFİ

Bu esmaları, "hayrıma olan en yüksek amaç için" diye niyet edip, sözünü geçiremediğin eşine okuyup içir. Bir süre sonra seni anlayacak, dediğini yapacaktır. Özgür iradeye saygıyla, bütünün hayrına…

TELEPATİK BAĞ KUR, MESAJ GÖNDER

O KİŞİYE ODAKLANARAK 77 KERE OKUNUR:

"Bismillahirrahmanirrahim.

Yühibbünehüm kehubbillahi velzine amenü eşeddü hubbellilahi

ve cealeş şemse zıyaen vel gamera nüran

Vallahi Alimüm bizatis sudür."

10 salavatı şerif

10 istiğfar

336 ya-müsavvir

313 defa kaf, ha, ya, ayn, sad

30 defa bu ayet ile devam et:

MERYEM Suresi Âyet-17:

"Fe erselnaa ileyhee ruu hanee fetemessele lehee beşeran seviyye".

KALP DÜĞÜMÜ

İyi niyetle, hak ve helal yolla, temiz amel ile birini "onun özgür iradesine saygıyla" kendine bağlamak için niyet edip bu çalışmayı yap.

O kişiyi karşına getir.

İkinizin kalp bölgelerinden birbirine geçen bir halat imgele.

Senin kalbinden halat, şimdi yola çıkarak onun kalbine doğru geçmeye başlıyor.

Tam bu noktada 21 defa içinden Besmele çek.

Yarım yolu tamamlayınca senin kalbinden oraya geçerken halat, bir düğüm at. "Bu kişiyle aramda en hayırlısını dileyerek sevgi ile bir bağ kurdum" de. Düğüm tamamlanınca, halatın diğer ucunu onun kalbine doğru geçir.

Şimdi 180 kere ES SEMİ çek ve enerjiyi tamamla.

ÇOK ÖZEL AŞK HEDEFLERİNE

21 Ayet-el Kürsi okunur

Yasin Suresi 58. Ayeti 119 kere okunur

613 kere Es Selam denir

7 kere Salavat çekilir

1 kere Vakıa Suresi okunur.

99 Besmele çekilir

66 Ya Allah

526 Eş Şekür

86 Ya Bedi

1000 Ya Hayy okunur.

212 El Malikül Mülk

99 Ya Rahman

489 Ya Fettah

1001 Ya Elif

308 Ya Rezzak

1 Duha Suresi

1 Yusuf Suresi

"SONSUZ AŞK" TILSIMI

Bu tılsımı fotokopi çek. Kırmızı kalemle ikinizin adını yan yana gelecek şekilde, daireyi tamamlayana kadar, dairenin dış kısmına yazarak devam et. (Ayşe Ali Ayşe Ali Ayşe Ali gibi… Kendi yazı tipi ve harf büyüklüğüne göre, sürekli yan yana yazıp dış dairenin kenarından devam et… İsimleriniz ile dışta, bu şekilde yeni bir daire elde etmiş olacaksın.)

Yazman bitince, 21 adet Kevser Suresi oku tılsımın üzerine ve yatak odanda sakla…

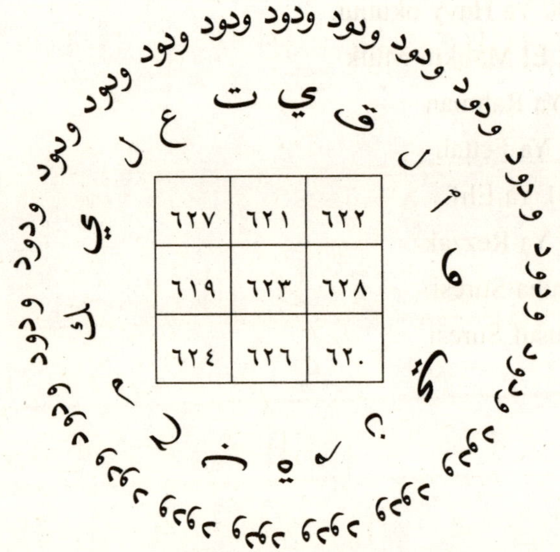

٦٢٧	٦٢١	٦٢٢
٦١٩	٦٢٣	٦٢٨
٦٢٤	٦٢٦	٦٢٠

"HEP BİRLİKTEYİZ" TILSIMI

Bu aşk tılsımını çiz veya fotokopi çek.

Üzerine ikinizin resmini koy ve gül yağı ile, buhur yolu ile tılsımı "üzerinde resimler duruken" tütsüle…

Son olarak CELCELUTİYE VE ŞAHMERAN dualarını oku…

Kapatıp sakla…

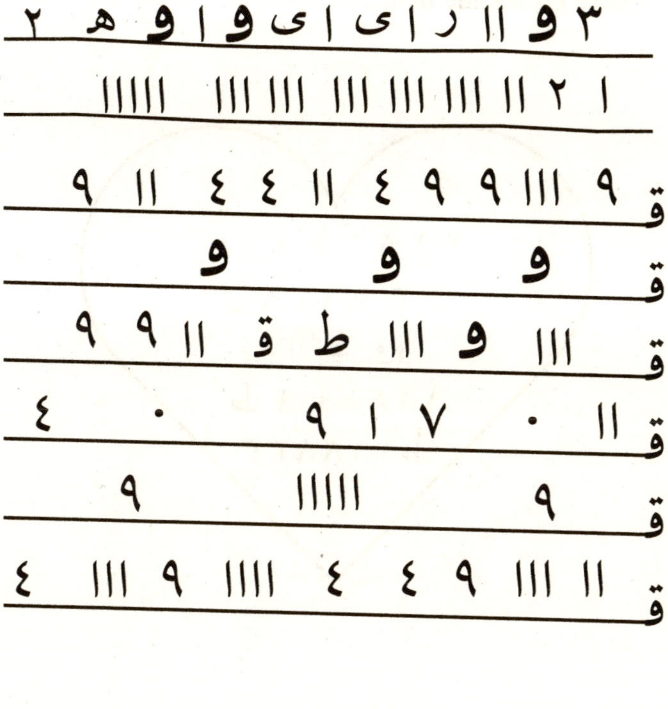

"KALBİNİ ÇAĞIRIYORUM" TILSIMI

Bu tılsımı çiz veya fotokopi çek.

Bu kalbin üzerine onun resmini koy.

FETİH SURESİ, MÜLK SURESİ oku 1140 kere EL CAMİ esmasını çek.

150 kere YA ALİM zikrini yap ve 222 kere de BESMELE çek.

Sonra onun resmini toplu iğne ile tılsıma iliştir.

Tılsımı bu şekilde cep telefonunun yanına yerleştir.

7 gece bu şekilde uyu…

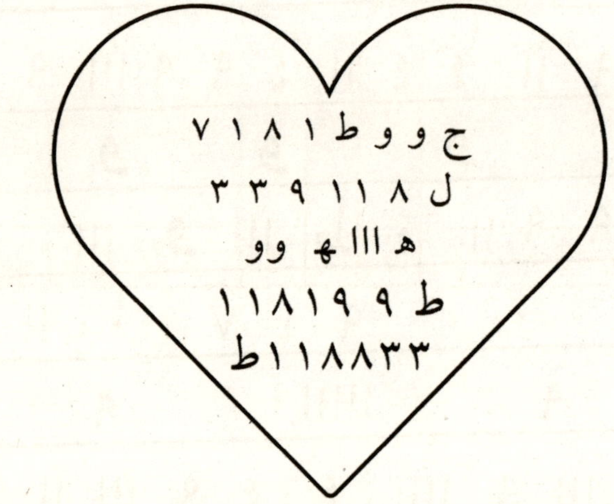

"İKİMİZ BİRİZ" TILSIMI

Bu 2 tılsımı çiz veya fotopoki çek.

Soldakine senin, sağdakine onun resmini koy.

Araya 2 defne, 2 pirinç, 2 çörek otu, 2 karanfil koy ve resimler yüzyüze gelecek şekilde ve malzemeler de arada kalacak şekilde tılsımları kapat.

Beyaz bir kumaşa sar.

7 adet İSMİ AZAM ve 11 adet KENZÜL ARŞ dualarını oku. Odanda sakla.

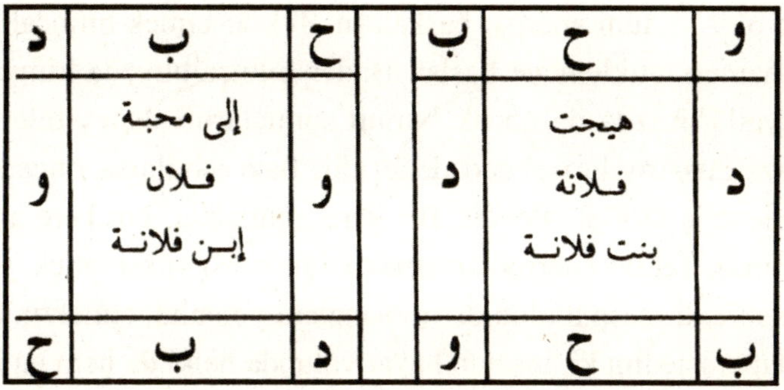

DUA

İnsan, bu alemde dua ettiği sürece, Allah'ı andığı sürece huzur bulur ve hatta kendini bulur. Aşk ve ilişkiler konusunu, daha önceki eski kitaplarımda "bilinçaltı ve kişisel gelişim" çerçevesinde sizlere aktardım. Bu kitap, benim 10. kitabım olması sebebiyle çok anlamlı ve özel. Son yıllarda bolluk, bereket, güç, bilinç dışı, metafizik konularındaki kitaplarımla sizlere ulaştım. Sizleri çok sevdiğim için, kitap dünyasındaki 10. kitabımın "sevgi" üzerine olmasını istedim. Dua ve bilinçaltı arasında güçlü bir bağ vardır, dua tüm enerjileri hareket ettirdiği gibi, insanın bilinçaltını da yönetir. Sayı ile okunan duada, bir süreç başlar. Kişi, o sayı için yola çıkarken artık o frekans ile bir olur ve tüm enerjisi başkalaşır. Tekrar etmek bilinçaltını tamamen tetiklemeye başlar. Bizler bilinçaltımızda kimsek, hayatlarımızda da ancak bunun sonuçlarını deneyimleriz. Bazı dua sayıları ebced değeridir, bazı sayılarsa önceden denenmiş terkiplerdendir. Bir kere okumakla, bin kere aynı olamaz. Tekrar enerjiyi artırmak ve frekansı yükseltmek, dua ile sürekli meşgul olup derin manalara yolculuk etmektir. Bu kitapta istedim ki, insanın hayat yolunda belki de hem en acı hem de en çok mutluluk veren konusu olan "aşkta", herkes kendi işini kendi görsün. Herkes kendi hacetini "dua" yolu ile Allah'a arz etmeli. Aşk nasıl iki insan arasında çok özel ve derin bir bağ ise, dua da kul ile Allah arasındadır. Kul ile Allah arasına başka hiçbir şey sokmadan, duanın gücü ile istenecek aşk ve sevginin, gerçekten temiz ve saf olduğu unutulmamalı. Bir insanı gerçekten seviyorsan, onu MUTLAK GÜÇ'ten istersin, daha düşük seviyeli veya değersiz başka yolları tercih etmezsin. Unutma ki senin ruh eşini de Allah yarattı, onun seninle karşılaşması için gereken kaderi de tek yazan Allah'tır. İnsan, Dünya boyutunda bazı konularda sonuç almak için bilinç seviyesinde birçok metod ile meşgul olabilir ve belki olmalıdır da. Hiçbir güç, dua ve Allah yolu kadar büyük ve engin değildir ama... Dua etmek, inanmayı seçmektir. Dua, insana güç verir, umut verir, dua gerçekçilikten uzaklaşmak değil bilakis en büyük gerçeği seçmiş olmaktır. Tüm bilinçaltı ve dönüşüm uygulamalarımı diğer kitaplarımdan ve youtube yayınlarımdan, sosyal medya paylaşımlarımdan takip edip uygulayın. Tam ve arınmış bir şekilde, kendinizi duaya verin aşk yolunuzda. Duanın kader ile olan gizli bağı, yolunuza ışık olsun. AMİN.

MELEKLER ŞİFA LİSTEMİZ

Şifa sadece Allah'tan gelir.

Bizler, dünyaya daha çok ışık yaymaya çalışan spiritüel danışmanlar olarak kendi gücümüzün yettiği kadar Allah'ın izniyle, kanallık yaparak, inanç ve içsel gücümüz ile tanıdığımız tanımadığımız Dünya'nın neresinde olursa olsun gerçekten ihtiyacı olanlara dua etmeyi, onları sevmeyi, ışık göndermeyi vazife ediniriz.

Melekler Şifa Listemiz; gerçekten çok zor durumda olanlar, hastalar, ağır koşullar içinde olanlar, çok büyük darbeler almış olanlar, engelli dostlarımız içindir. Kendi isminizi veya tanıdığınız yakınınızın ismini bu listeye yazdırabilirsiniz. Belirli zamanlarda toplu yapılan ve isteyen herkesin de "niyete girerek" kendi enerji, şifa ve sevgisini aktarabileceği bu çalışma, herkesin BİR olduğunu herkese yeniden hatırlatmak içindir.

Melekler Şifa Listemize göndereceğiniz isimler daha az önemli zorluklar içinde olmamalı, gerçekten ihtiyacı olan kişiler için düşünülmüş bir çalışmadır bu... Konuya göstereceğiniz hassasiyet için teşekkürler.

Hayatta en güzel şeyler hep bedavadır; sevgi gibi, şefkat gibi, merhamet gibi, aşk gibi...

Dünyanın neresinde olursanız olun, ışığımız size ulaşır.

Allah büyüktür, her şey sadece O'ndan gelir.

"Ya Şafi"

TUĞÇE IŞINSU İLE BİREYSEL SEANSLAR:

(Telefonda ya da yüz yüze)

REGRESYON- GEÇMİŞ YAŞAM ŞİFASI

İLİŞKİ ŞİFALANDIRMASI

BİLİNÇALTI DÖNÜŞÜMÜ

BOLLUK & BEREKET ÇALIŞMALARI

KİŞİYE ÖZEL "AŞK-BAŞARI-DİLEK-BEREKET" TILSIMLARI

Randevu için: 0535.3079528

facebook.com/tugceisinsuOFFICIAL

instagram: tugceisinsu

twitter.com/TUGCE_ISINSU

tugceisinsu.blogspot.com.tr

TUĞÇE IŞINSU ESERLERİ

TUĞÇE IŞINSU ESERLERİ

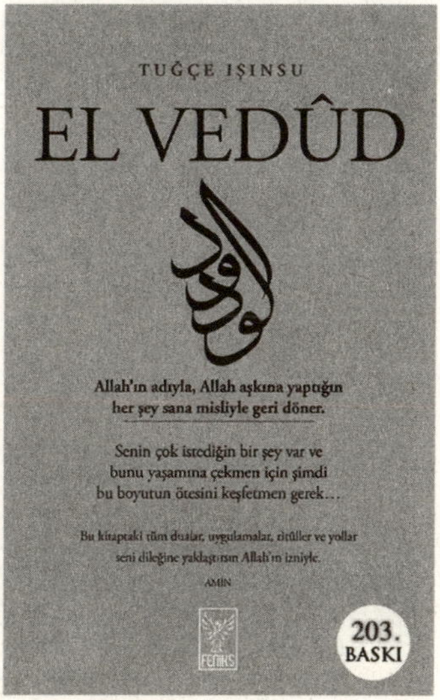

TUĞÇE IŞINSU ESERLERİ

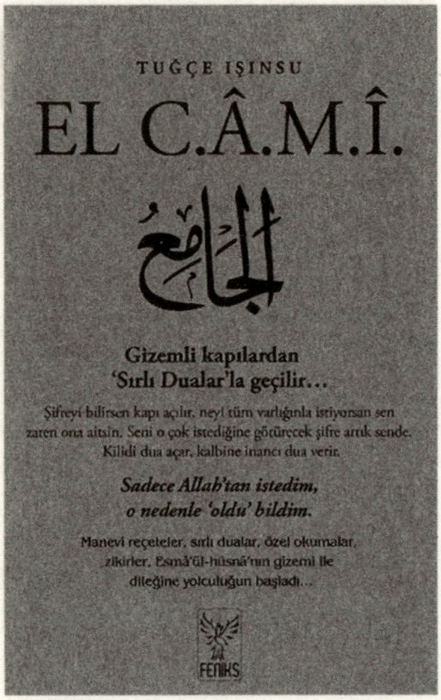

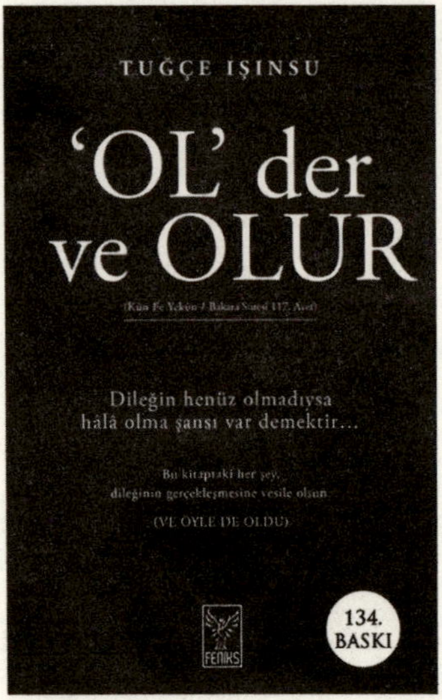

TUĞÇE IŞINSU ESERLERİ

TUĞÇE IŞINSU ESERLERİ

TUĞÇE IŞINSU ESERLERİ

BU KİTAPTAN TÜM BEKLENTİLERİNİ AŞAĞIYA NOT AL:

1. ....

2. ....

3. ....

4. ....

5. ....

6. ....

7. ....

8. ....

9. ....

10. ....

Beklentilerini yazdıktan sonra, bu sayfanın üzerine 100 tane YA MUKTEDİR oku.

BU KİTABIN SANA YAŞATMASINI İSTEDİĞİN EN BÜYÜK MUCİZEYİ AŞAĞIDAKİ KALBİN İÇİNE NOT AL VE KALBİN ÜZERİNE 1000 TANE YA MUSAVVİR OKU.

"BU KİTAPTAKİ TÜM UYGULAMALARI KENDİMİN, BÜTÜNÜN, O KİŞİNİN, HER ŞEYİN, HERKESİN HAYRINA OLACAK ŞEKİLDE KULLANMAYA NİYET ETTİM."

İMZA

Yukarıdaki cümleyi söyledikten sonra, imza yazılı yere imzanı at ve 400 tane YA VEDUD esmasını okuyup niyete gir.